誰でも儲かる、わけがない

初めての 不動産投資必勝ルール

罠を見抜いてお金を増やす

不動産Gメン 滝島一統

KADOKAWA

はじめに

不動産投資は誰でも儲かるわけではない

不動産会社の一日は、日々更新される物件の情報をチェックし、星の数ほどの物件から投資価値のある物件を見つけ出すことから始まります。

満室を維持でき、家賃を確実に得ることができ、オーナーの手元に収益が残る物件。築年数を重ねてもむしろ家賃が値上がりするような物件。そうした物件を探します。しかし、驚くほど合致する物件がありません。それは半年に1件、見つかるかどうかです。

その一方で、わずかな頭金で不動産投資を始めている人は少なくありません。ローンも簡単に借りられて、物件を見に行くこともせず、不動産を購入する。**待っているのは夢の家賃収入ではなく、赤字の穴埋めに四苦八苦する地獄です**。

相談を受けた私が知恵を絞ったところで、失敗した案件が蘇《よみがえ》るわけもなく、親に頭を下げてお金を借りたり、婚約者に隠したり、自己破産したりする人もいます。

なぜこんなことになるのか。

物件が見つからないというのは、「収益性が高い物件が見つからない」ということで、価格が高騰していることが要因です。それを知らずに、手軽に買えるものを買ったり、無理して高いものを買ったりすれば、収益を得るのは難しくなります。

買いたい時に買う。始めたい時に始める。そんな発想で儲かるほど、不動産投資は甘くありません。

物件のチェック方法や収益を計算する方法を勉強しても、物件がピカピカだとしても、儲かるかどうかはまったく別なのです。

頭金なし、知識なしでワンルーム投資するのも同じです。

不動産投資には夢がありますが、誰でも儲かるわけではないのです。

＊　＊　＊　＊　＊

私は大手ハウスメーカーや不動産会社を経て、25歳で不動産会社を起業しました。

家賃4万円の賃貸住宅から20億円のビルの売買まで、幅広い物件の仲介をしています。**2022年からはYouTubeで、賃貸物件を内見する際のチェックポイントや不動産会社に騙《だま》されない方法など、さまざまな情報発信を行っています**。これまで、不動産会社が話すことがなかったような裏側を、本音でお話ししているのが特徴です。

YouTubeをご覧になった方から、日々、不動産投資に関するたくさんのご相談があり、その数は月に100件以上を数えます。そのほとんどが、赤字に苦しんでいるという内容で、中にはアポなしで突然会社を訪ねてくる方もいらっしゃいます。それだけ苦しんでいる人がいる、切羽詰まっている、ということです。

そうした様子から痛感するのは、残念ながら、不動産会社、そして、不動産投資をする人、どちらのレベルも十分ではない、ということです。

日本では、多くの方が、部屋を借りる時はA社、貸す時はB社、買う時はC社、売る時はD社など、異なる不動産会社に依頼されます。そこで出会うのは、毎月のノルマに追われている営業マンたちです。お客様のライフスタイルや、資産形成など、1ミクロンも考えていません。貸せればいい、売れればいい。長い付き合いになるお客様なら別ですが、一度限りのお客様、浮気される前提のお客様ですから、その人のことをしっかり考える必要などないのです。

長く付き合うために信頼を築こうという発想にはならないため、**提案する内容のレベルも低く、お客様のレベルも上がらず、成熟しない、という悪循環**。会社の看板を重要視するお客様が多い傾向もまったく変わりません。

不動産投資には大きな借入が伴い、長期にわたって賃貸経営をしていくものであるため、お客様にとっては人生を左右しかねない一大事業です。不動産会社は経験や実績から得た提案力を発揮すべきです。

お客様（投資家）も、最低限の資金、ある程度の知識、相場観などが欠かせず、「お金持ちになりたい」「楽して儲けたい」「不労所得が欲しい」「節税したい」など、ふわっとしたイメージだけではだめです。

本書のコンセプトは、不動産投資でお金持ちになってもらうこと。

そのために、不動産投資の絶対的な法則を知っていただくことです。

不動産投資の魅力は家賃収入が得られることですが、その魅力を大きくしてくれるのが、**「レバレッジ効果」**です。

1000万円を利回り6％で運用した場合のリターンは60万円です。

対して不動産投資では、1000万円を頭金に4000万円を借りる（年利2％・35年返済）ことで5000万円の投資ができ、6％で運用すればリターンは141万円（家賃収入300万円－ローン返済159万円）です。借入分の金利を抜いた元本94万円を含む実質的なリターンは253万円とかなり大きくなる。これがレバレッジ効果です。

入居率が高い物件なら、他人（入居者）が家賃を支払う形でローンを返してくれます。遅滞なく返済できれば信用が高まっていき、それによって次の融資が受けやすくなり、別の物件への投資が可能となります。**最初にいい物件を買えば芋づる式に物件を増やすことができる**、というわけです。

しかし最初に収益性のない物件を買ってしまうと、そのツケを払わされるのに時間がかかり、スタートが遅れてしまいます。場合によってはその時点でアウトです。

私は1軒目を買うのに8年かかった

私自身も不動産投資をしていますが、最初の物件を買うまでに8年かかりました。最初の5年は頭金とローンを借りるための信用を増やしながら物件を探し続け、5年目以降くらいからいい物件に出合うようになりました。しかし、いい物件を探している人はたくさんいて、別の人に先を越されることが続きました（後述しますが、ちょっとした事件もありました）。

探し始めて8年目にようやく購入できたのは、渋谷区の中古ビルです。そのビルの賃料収入で得たお金で別の事業を始めて、そこで得た収益と信用でまた別の不動産を取得することができました。いずれも、収益を生んでくれています。今は海外にもいくつかの物件を保有しています。

そうした連鎖を作ることができたのは、**8年待って納得できる物件を買ったからにほかなりません**。待ち切れずに適当な物件を買っていたら、不動産投資で収益を得ていないかもしれませんし、今の私はいなかった可能性があります。

私はオリンピックをはじめ、さまざまなスポーツの国際大会の観戦をライフワークにしているのですが、海外から戻って感じるのは、日本人の表情の暗さです。

治安もよくて素晴らしい国なのに、なぜかちょっとおかしい。

その根本にあるのは、芥川龍之介風に言うと**「ぼんやりした不安」**ではないでしょうか。税や社会保険料の負担が重いのに老後が保障されていない、自由になるお金が減って明るい未来が見えない、将来が不透明すぎる、誰も助けてくれない……。

お金がすべてではありませんが、お金が多くの問題を解決するのは事実です。相続して金持ちになるのも、特別な才能で高収入を得るのも、限られた人だけに許された特権ですが、投資は本来、誰もができる方法です。


本書を手に取っていただいた方は、不動産投資をしたいと思っている方、興味を持っている方だと思います。せっかくそう思っても、間違った方法で投資してしまうと、不労所得どころか借金を背負うことにもなりかねません。

冒頭でも述べたように、不動産投資に関する情報はたくさんありますが、本当に必要なのは「詳細な知識」ではなく、**「絶対的な法則」**です。

どんな間取りがいいか、立地は駅徒歩何分までか、なども大切ではありますが、大したことではありません。

人口減少&低成長の日本においては、

●家賃が下がったとしても赤字にならない物件を選ぶ
●価格の上昇は期待しない
●一棟建てに絞る
●物件探しと同時に金融機関巡りをする
●価格が高い間は手を出さず、機が熟すのを待つ

など、「経済環境や社会情勢に合った」「絶対的な法則」が重要なのです。

売ってなんぼの不動産会社が「待つ」などと言うのもどうかと思いますが、それが不動産投資の神髄です。

すでに、収益性の低い物件を抱えている方も絶望しないでください。実は私も過去に大きな失敗をしています。前を向きましょう。必ずやリスタートできるはずです。

誰でも儲かるわけではない。

では儲かるにはどうすればいいのか。

じっくりお話しします。

もくじ

装丁・ブックデザイン●川島 進
企画協力●淡川和真　森岡佑介（テレビ朝日映像）
執筆協力●高橋晴美
図版作成・DTP●Fujii Graphics
編集協力●伊藤 剛（Eddy Co.,LTD）　岡﨑灯子
編集●磯 俊宏

・本書の内容は、2023年6月時点の情報に基づいています。
・本書は著者個人の見解や分析であり、著者によって提供されたいかなる見解や意見も、読者に利益を約束するものではありません。
・本書で示した著者の見解や取り上げた不動産物件などによって読者に損害が生じても、著者および発行元はいかなる責任も負いません。投資の判断はご自身の責任で行ってください。

第1章

「ワンルーム投資地獄」の教訓

～気を付けろ、甘い言葉とワンルーム～

ワンルーム投資は地獄への片道切符

なぜみんな儲からないのか

ワンルーム投資で絶望の淵に立たされている人から、多くの相談が寄せられます。どうして損をしてしまうのか。

逆説的ですが、そこには不動産投資で成功するための教訓が隠れています。

ワンルーム投資は年収500万円くらいあれば始めることができ、頭金ゼロもしくは10万円程度の少額で購入可能、というのが最大のセールスポイントです。

不動産投資を行うには、多くの場合ローンを組む必要がありますが、会社員などが不動産投資のために融資を受けるのは難しくなっています。そのため、「融資が受けられる」というのはとても魅力的に聞こえるのです。**「資金もほとんどないのに、ローンを組んで不動産投資ができる。ローンは家賃で返済すればいいのだし、毎月、不労所得が入ってきて、マンションという資産が持てる！」**などと舞い上がってしまいます。不動産会社によっては、「銀行が融資をしてくれるのは、いい物件だとお墨付きをくれたようなものです」などと言うこともあるようです。

しかし、ワンルーム投資への融資をしているのはごくごく一部の銀行で、物件が優れているから融資をしているわけではありません。

頭金ゼロで購入できるのも、大きな問題です。

不動産投資を行う際には、物件価格の20％相当を頭金として用意するほか、手数料や税金など購入時にかかる諸経費として物件価格の数％程度、合わせて物件価格の25％程度の自己資金が必要です。

しかし、**ワンルーム投資では、頭金ゼロでも購入できるものがほとんど**です。

ローン金利が低いのであえて頭金ゼロにして多額のローンを組むなどの戦略もありますが、ワンルームを頭金ゼロで買っている人のほとんどは、貯蓄がないから頭金ゼロ、のパターンです。
はっきり申し上げましょう。**そういう人には不動産投資をする資格はありません。**

病気や収入ダウン、失業など、人生にはさまざまなアクシデントがあり、それに備えるための貯蓄が必要です。家電が次々壊れることもあるでしょうし、キャリアアップのための勉強にまとまったお金がかかることもあるでしょう。貯蓄がないので分割払いで買う、借金するなどしていたら、仮に不動産投資で収入を得ても、元も子もありません。

貯蓄に余裕がないということは、収入が少ないのかもしれませんし、そもそも貯める努力をしていないのかもしれません。**収入アップを目指すなり、支出をコントロールするなりして貯蓄を増やすことが先決**であり、ローンを組んで投資をしている場合ではありません。

頭金ゼロで買っていいのは、貯蓄があるけれどあえて戦略的に頭金を入れない人であり、貯蓄がない人ではないのです。

大損する元凶は、サブリース契約にあり

ワンルーム投資の最大の問題は、**「サブリース」**です。

サブリースとは、不動産会社が家賃を一定程度保証してくれるものです。

次頁の図にもあるように、サブリース業者が貸主（物件の所有者）から住戸を借り上げ、転貸人（入居者）と賃貸借契約を結びます。入居者はサブリース業者に家賃を支払い、その中から手数料を引いた額が貸主に保証賃料として支払われる仕組みです。

ワンルーム投資では、基本的にほとんどの物件にサブリースが付いており、不動産業界ではスキームワンルーム、スキーム物件などと呼んでいます。


不動産投資では入居者が入らない「空室リスク」があり、家賃が入らなければローンを貯蓄などから返さなければならず、大きな赤字になります。サブリースの契約をすれば空室であっても家賃が入ってきますから、「それなら安心……」と思ってしま

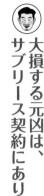

サブリース契約とは?

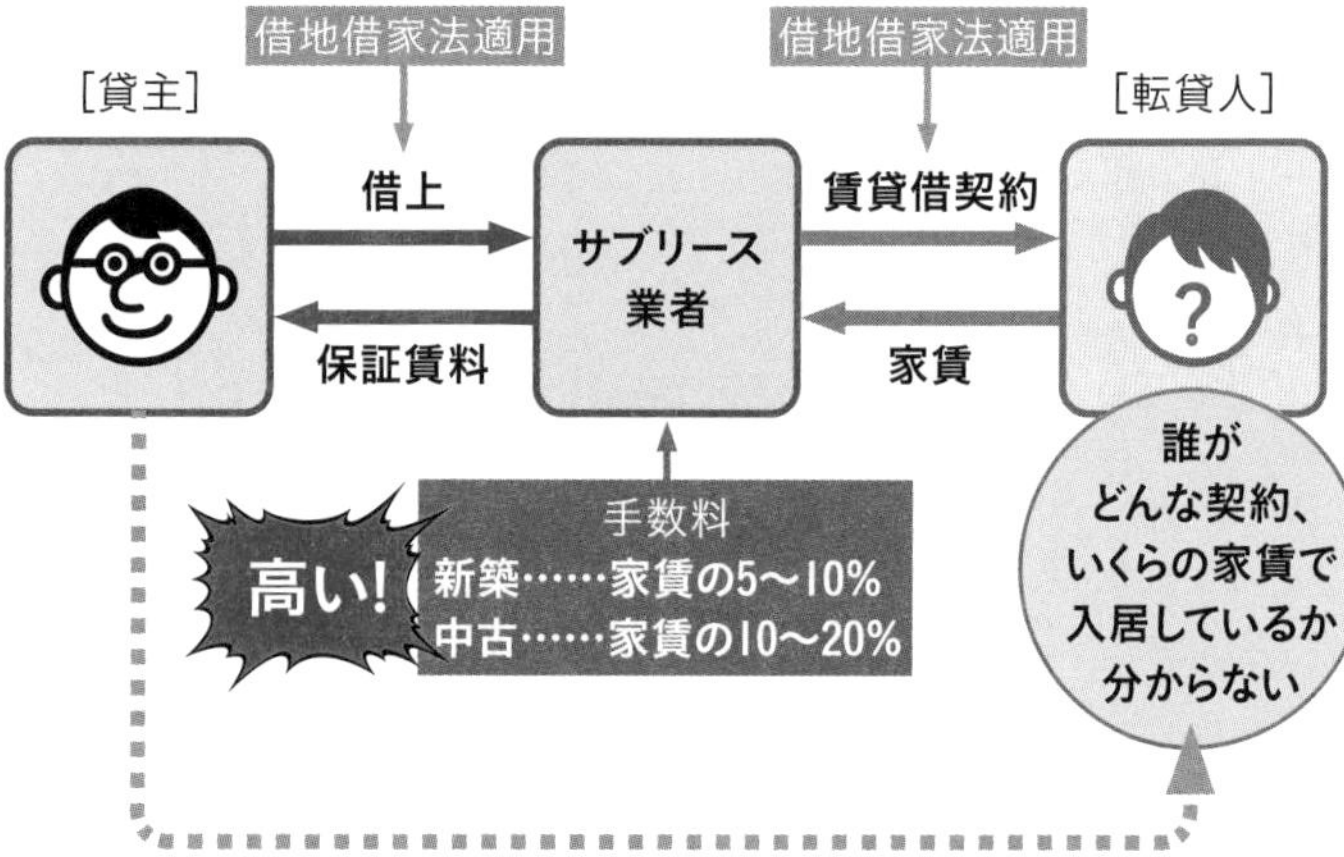

何年ごとかに家賃が見直される	➡	家賃収入がどんどん下がる
空室が続くと契約解除になる可能性も	➡	賃料保証になっていない
中途解約ができない 違約金がかかる場合も	➡	売りにくい

う人は少なくありません。しかし、それが大きな落とし穴なのです。

家賃から引かれる手数料が高い

サブリースがあると家賃が確実に入ってくる安心感（誤った安心感）があります。しかし、デメリットもあります。前述のように、入居者から得た家賃の一部が、サブリース業者に手数料として吸い上げられることです。

手数料には明確な基準はなく、**新築の時期は家賃の5〜10％程度、それ以降では同10〜20％程度**です。家賃が10万円、手数料10〜20％なら、所有者に入ってくるのは8〜9万円です。この手数料は大きな負担です。

2500万円の物件を頭金ゼロで購入する例を見ていきましょう。

登記費用と不動産取得税の約100万円のみ、自己資金として用意します（不動産会社が自社物件として販売するので仲介手数料はなしと仮定）。

頭金ゼロですから全額の2500万円を金利1・5%、35年返済で借り入れます。すると、毎月の返済額は7万6500円です。

では収支はどうなるでしょうか。

不動産会社の想定では、家賃は9万円、年間108万円です。利回りは約4%です。経費は固定資産税・都市計画税で10万円、修繕積立金・管理費が18万円、ローン返済が91万8000円、火災保険料6万円です。

家賃収入108万円に対し、支出は125万8000円。なんと年間で17万8000円の赤字です。

さらにサブリースの手数料もかかります。この物件の場合、家賃の10%で年間10万8000円です。実際の収入はサブリース手数料を引いた97万2000円となり、ここから経費125万8000円を引いた年間28万6000円が赤字となるのです。

不労所得が得られるどころか、赤字を出し続けることになります。生活に余裕を持つため、将来に向けて資産形成するために投資をするのに、逆に毎月2万円以上の持ち出しになってしまうのでは、何のために投資したのか分かりません。少なくとも5

年で１４０万円以上もの損ですから、逆に生活が苦しくなってしまいます。

驚くのは、このシミュレーションは実際にワンルーム販売会社が自費出版している書籍からの引用だということです。

これだけでも驚きですが、さらにびっくりすることに、この物件のパンフレットには、「月２万円払うだけで２５００万円のマンションが手に入る」という趣旨のことが書いてありました。

収益どころか最初から月に２万円の持ち出しになることを正々堂々と謳《うた》い、むしろ、とても魅力的であるかのように書いているのです。ものは言い様とは言いますが、恐ろしいことです。

ワンルーム投資は罠だらけ

そのような結果になってしまう主な原因は、**家賃から考えて物件価格が高いこと**、

頭金ゼロで借入額が多いこと、さらに**サブリース手数料がかかること**、の3つです。

家賃収入を得たり、ローン返済や税金の支払い等のお金の流れを「キャッシュフロー」と言います。

家賃収入だけではローンや経費が払いきれず持ち出しがあることを「キャッシュフローがマイナス」「キャッシュフローが赤字」などと言い、不動産投資としては「失敗」です。

しかし不動産会社の担当者は、「毎月2万円程度の持ち出しはあるけれど、ローンを完済すればマンションという資産が残る」と言います。本当でしょうか。

年間28万6000円の持ち出しを35年続けると、合計1001万円の持ち出しです。

もしも、もしもその時にマンションの価格が500万円上がっていれば、1999万円得したことになります。1000万円上がれば、2499万円の得です。

しかし、高度成長などとっくに過ぎた日本において、35年後、ワンルームマンションの価格が新築時より上がっていることなどあるでしょうか。

「1001万円持ち出したとしても、2500万円で売れれば1499万円の得です。だから、ワンルームは収支がマイナスでも問題ありません」、というのがワンルーム業者の常套句で、頭の中がファンタジーとしか言いようがありません。

なぜなら、**35年間の間に家賃は下落し、修繕積立金と管理費は値上がりしますから、1000万円程度の持ち出しでは済みません**。加えて、300〜400万円の水回りを中心とした大規模修繕をする必要もあるからです。

それらを加味すると、ほとんどの場合、2500万円のワンルームなら2500万円程度支払うことになり、賃貸に出しても一円も得しません。

「でも大丈夫！　2500万円払って2500万円のマンションが手に入ったなら、ツーペイですよ、お客様！」

果たしてそうでしょうか？

考えてください。

新築時に利回り4%前後のワンルームが、家賃が値下がりし、修繕積立金と管理費が値上がった状態で、新築当時と同じ価格を維持できるでしょうか？

未来のことは分かりませんが、今の不動産市況を考えると。その可能性はバラバラのプラモデルの部品を箱に入れて振ったらたまたま完成していた確率くらい低いと思います。

個人的な予測ですが、よくて1250万円くらい。悲観的観測だと500万円です。まとめると、頑張って節約して借金を抱えながら35年間かけて2500万円払っても、1250万円しか戻ってこないということです。

投資と呼べますかね、これ？

立地にかなりの希少性がある、嘘のような安い価格で買った、日本の経済成長が目覚ましく、不動産価格が高騰してワンルーム需要も爆発的な伸び、といった状況が起きれば売却によって大きなリターンが得られるということもありますが、それを期待するのはもはやギャンブルを通り越して奇跡を祈るようなものでしかありません。

日本において、希少立地でもない限り、長期的には価格は下がるとみるのが自然です。毎月、持ち出しがあり、なおかつ価格も下がっていくのなら、価値が目減りしていく資産のために毎月お金をつぎ込んでいるようなものです。

毎月赤字。価格はどんどん下がる。ということは……？　少し考えれば分かるはずなのに、ワンルーム投資の罠にかかってしまう人が少なくないのです。

シンプルなロジックに気付かないのか、目をつぶっているのかは分かりませんが、儲かる確率が低いギャンブルをやっているようなものです。

家賃は下がる、保証賃料も下がる

賃貸住宅を選ぶ時、物件の魅力からみて家賃が高すぎる物件は見送るのが普通です。そうした物件はなかなか入居者が決まらず、空室になることもあるでしょう。

ということは、不動産投資をするなら家賃が適正かどうかは大事なポイントになります。しかし恐ろしいことに、サブリースの契約をしている大家さんは、**自分の物件が誰に、いくらの家賃で貸されているか、ほとんど知らされていません**。自分がオーナーなのに、自分が投資リスクを負うのに、家賃が適正かどうかも分からないのです。

また支払われる保証賃料もずっと同額ではありません。値下がりする可能性もあります。賃貸住宅では、前の入居者が退去して次の入居者を募集する際には、周辺の相場などを考慮して家賃を見直すことがあります。築年数が経っていれば新築時と同じ家賃というわけにもいきませんし、相場からみて家賃が高ければ入居者が見つからず、空室になってしまうリスクがあるからです。

家賃が下がれば、保証賃料も下がるのが普通です。

サブリースの契約書には、近隣の相場や税負担などに応じて家賃を見直す、などと記載されており、ずっと一定の家賃を保証するとは書いてありません。

当然といえば当然ですが、サブリースは、家賃を下げざるを得ないなどの賃貸経営のピンチを救ってくれるものではない、ということです。

サブリース業者としては、空室状態で保証賃料を払えば逆ザヤになってしまいますから、空室にならないようにどんどん家賃を下げます。したがって保証賃料もどんどん下がる、というわけです。

先ほどの計算例でもキャッシュフローはマイナスでしたが、保証賃料が下がればさらに状況は悪化します。普通は新築時の家賃が最も高いので、一番いい時でキャッシュフローがマイナスなら、その後は推して知るべし、です。

さらに、どうやっても空室になってしまう状態になると、サブリースを外されることもありえます。

サブリースを付けても手数料を取られてキャッシュフローがマイナス。そもそも元家賃が分からないから、何割取られているかも分からない。年数を経るごとに赤字は拡大。最悪、サブリースを解約される……というのがお決まりのストーリーなのです。

ワンルーム投資はまず儲からないシステム

家賃の下落だけではありません。

ワンルームマンションは根本的に儲からないシステムになっています。**なぜなら物件価格と収益に対して、修繕費の割合が高すぎるから**です。

たとえば家賃10万円の物件があったとします。

修繕積立金と管理費は家賃の15％程度（約1万5000円）で、不動産会社への管理委託料を加えると20％程度の費用が出ていきます。

さらに設備が壊れると修理しなければならず、15年後、20年後には物件価格の10％くらいの修繕費がかかります。３０００万円の物件なら３００万円です（最近は部材と人件費が高騰しているので４００～５００万円をみておくのが無難です）。これは物件に対して割高であり、仮に２億円のビルを買っても、10％（２０００万円）もの修繕費はそうそうかかりませんし、ある程度、保険でカバーできる場合もあります。

ワンルームマンションは、得られる家賃と修繕費が見合わないのです。

また変動金利型でローンを組んだ場合、金利が上昇すれば返済額が増えます。

価格も下がるのが普通で、10年後は3分の2、立地や経済動向によっては半分くらいになる可能性もあります。

このように、収益が得られる可能性は限りなく低いのです。

なんと！　サブリースは解約できない

「サブリースなんて契約しなければいい」「サブリースなんて解約すればいい」と思うかもしれません。しかし、たとえばスキームワンルーム投資の場合、サブリースは物件とセットになっており、フルローンを組むための条件として契約しなければならない場合が多いのが現状です。

また**サブリースは事実上、途中解約ができず、解約できても違約金がかかる**ケースがほとんどです。

相談に来る方の契約書を拝見すると、サブリースの契約期間は4～10年程度の例が多いようです。

基本的には自動更新で、双方から申し立てがない限りは更新、かつ解約は半年前に申し立てること、などと記載されています。これだけ読むと、申し立てれば解約できるとも読めますが、解約条件として、建て替え等のやむを得ぬ理由がない限りは解約できないといった内容が付記されています。解約できるように見えなくもないが、実際には解約できない、ということです。

ある大手不動産会社では、物件のパンフレットをはじめとしてさまざまな資料で、手を替え品を替え、何回も繰り返し、サブリース契約が解約できないことを表記しています。購入者に分かりにくくしつつ、何度も記載することで、「お知らせしてあるはずです」と予防線を張っているのです。

借地借家法の本末転倒

日本にはたくさん消費者を守る法律があるのに、サブリース契約が途中解約できないのには、**「借地借家法」**が影響しています。

借地借家法とは、本来、建物を使用占有している人を守るための法律で、所有者から追い出されて住むところがなくなると大変だから、借りている人に一定の権利を認めるというのがコンセプトです。守る相手は「その土地を使用している個人」です。

それがなぜか、住んでもいないサブリース業者にも適用されてしまうのは、法の不備だと言わざるを得ません。

これを笠に着て、「借地借家法もあり、サブリースの解約には応じられない」と言ってくる不動産会社が多いのです。

裁判で争ってサブリースを解約できた判例もたくさんあるのですが、解約できなかった有名な判例があり、それを持ち出して、「判例にもあるように」「借地借家法により」などと、堂々と解約できないと言うわけです。

そもそも、誰が住んでいるか、家賃がいくらなのかも知らないし、敷金がいくらなのかも、どういう条件で契約しているかも知らない。にもかかわらず解約したいのに解約できない、というのは大きな問題です。

不動産投資に関しては、残念ながら消費者（この場合投資家）保護の方針が徹底されていないと言わざるを得ません。

不動産投資をする人は資金もあり、そういう人を守らなくていい、とでも考えているのでしょうか。金融商品は特定商取引法によりかなり手厚くユーザーが保護されています。ところが**不動産取引には適用されません**。

セミナーで個人投資家が「20億円儲かった」と話したり、不動産会社が「この物件は家賃が下がらないと思う」など、利益誘導になることを言ったりしても問題にされないのです。契約書にも、パンフレットにも、不適切と思われることが書かれていますが、「あなたこれを読んで契約しましたよね。法律上は守れませんよ」といった具合です。

そんなにひどいことにはならないだろうなどと考えるのは厳禁で、自身でしっかりと見極めなければなりません。

業者が解約に応じたくない理由

サブリース契約を解約してくれないのはなぜでしょうか。

1つ目の理由は、サブリースを解除し、売却されると、まずいことになるからです。たとえば2500万円で販売した物件が、築2年で2000万円以下に値下がりしていたら、自分たちが販売した価格がとても高いということが世間に分かってしまいます。市場にデジタルタトゥーも残ります。

2つ目は、売上を維持したいためです。

管理委託契約の場合は、集金代行など委託する業務の内容により、料金は家賃の3〜5%程度が普通です。家賃10万円の部屋なら3000〜5000円です。これが不動産会社（管理会社）の売上であり、利益です。

対して**サブリース契約では、家賃10万円がそのまま業者の売上になります**。

そのうち9万円は保証賃料として大家さんに渡すため、売上10万円、仕入れ9万円、利益は1万円ですが、帳簿上の売上は10万円と、管理委託の20倍になります。売上の多寡は資金調達などにも影響するため、不動産会社にとってメリットが大きいのです。

また、業者によっては、「サブリース契約は解除できないので、どうしてもというう場合は当社で物件を買い取ります」と言ってくることがあります。

特別に買い取ってあげるということで安く買い叩く。そして安く仕入れたものをまた別の人に高く販売する。二重においしいわけです。これが3つ目の理由です。

サブリースを組んだお客さんは、業者にとって、生《い》け簀《す》に入った魚のような存在であり、簡単には出したくない、というわけです。

サブリースが必要な物件は買うな!

卵が先か、鶏が先か、という話になってしまいますが、サブリースしなくても家賃が入る物件なら、わざわざサブリース契約を結んで手数料を払う必要はありません。

人気がない物件ではサブリース契約があると安心と考えがちですが、**人気が出ない物件は、そもそも買ってはいけません**。

そして、空室リスクがあるような物件にはサブリース契約をしてくれません。いらない場面では付いてきて、必要な場面では付かない、ということです。

サブリース契約付きのワンルーム投資に誘い込まれてしまう理由は、サブリースの問題点を知らないのと、ローンが借りられるからです。

ちなみに、銀行もコンプライアンス的に問題があるということに気付き、多くの銀行はワンルーム投資への融資を手控えています。ワンルーム投資への融資をしているのは、ごく一部の銀行に限られます。

サブリースはよほどのことがない限り組んではいけない。サブリースを組まないと不安な物件は、買ってはいけません。

赤字なら「損切り」以外に道はない

キャッシュフローがマイナスで毎月持ち出しになるようでは、貯蓄は減る一方、傷は深まるばかりです。そういうケースでは物件を売る、つまり**「損切り」**するしかありません。

損失が累積していくような物件を背負ったままでは、資金は枯渇し、次に進めません。思い切って清算し、次に向けて資金を貯めるなどした方が建設的です。

買ってはいけない物件を買い、損切りもできないのなら、投資には向いていないと言わざるを得ないでしょう。


とはいえ、損切りも簡単ではありません。

たとえば2500万円の物件を頭金ゼロ、ローン2500万円（金利1・5％・35年返済）で購入し、3年後に売却するとしましょう。

ローンの残り（残債）は約2330万円で、売却価格が2330万円以下まで下がっていると、ローンを返済しきれません。新築から間がなくても2割程度下がる場合が多いので、売却価格を2000万円と仮定すると、ローンの残債と売却価格から手数料などを引いた330万円を、別途、用意しなければなりません。さらに仲介手数料、抵当権抹消費用、印紙代などの合計80万円前後も必要です。

自身の金融資産から支払えない場合は、**親や兄弟に助けてもらうか、知人に貸して**

もらう、あるいはフリーローンなどを利用するしかありません。

以前、地銀では、売却時に払いきれないローンを系列の金融会社が貸してくれるケースがありました。最近はあまり例がありませんが、親兄弟から借りることができない場合は借入先、または別の金融機関に相談するのもありでしょう。もともとのローンよりは金利は高くなりますが、借りられれば損切りができます。

そこまでして損切りしなければならないのか？　それは物件にもよりますが、先に例にあげたような物件であれば、残念ながら最良の手です。

なぜなら、**35年もワンルームの負債を抱えていては、自宅の購入や次の投資をするうえでの足かせになりかねない**からです。また青息吐息で2500万円払っても、売却価格は1250万円などという悲しい結果に終わる可能性もあります。

それでもいつか資産化するとお考えなら、保有を続けるという選択もいいでしょう。ただ、大切なことなのでもう一度言いますが、その選択は、そのワンルームが35年の間、家賃が下がらず、修繕積立金と管理費は上がらず、大規模リフォームの必要もな

キャッシュフローがマイナスの場合はどうする?

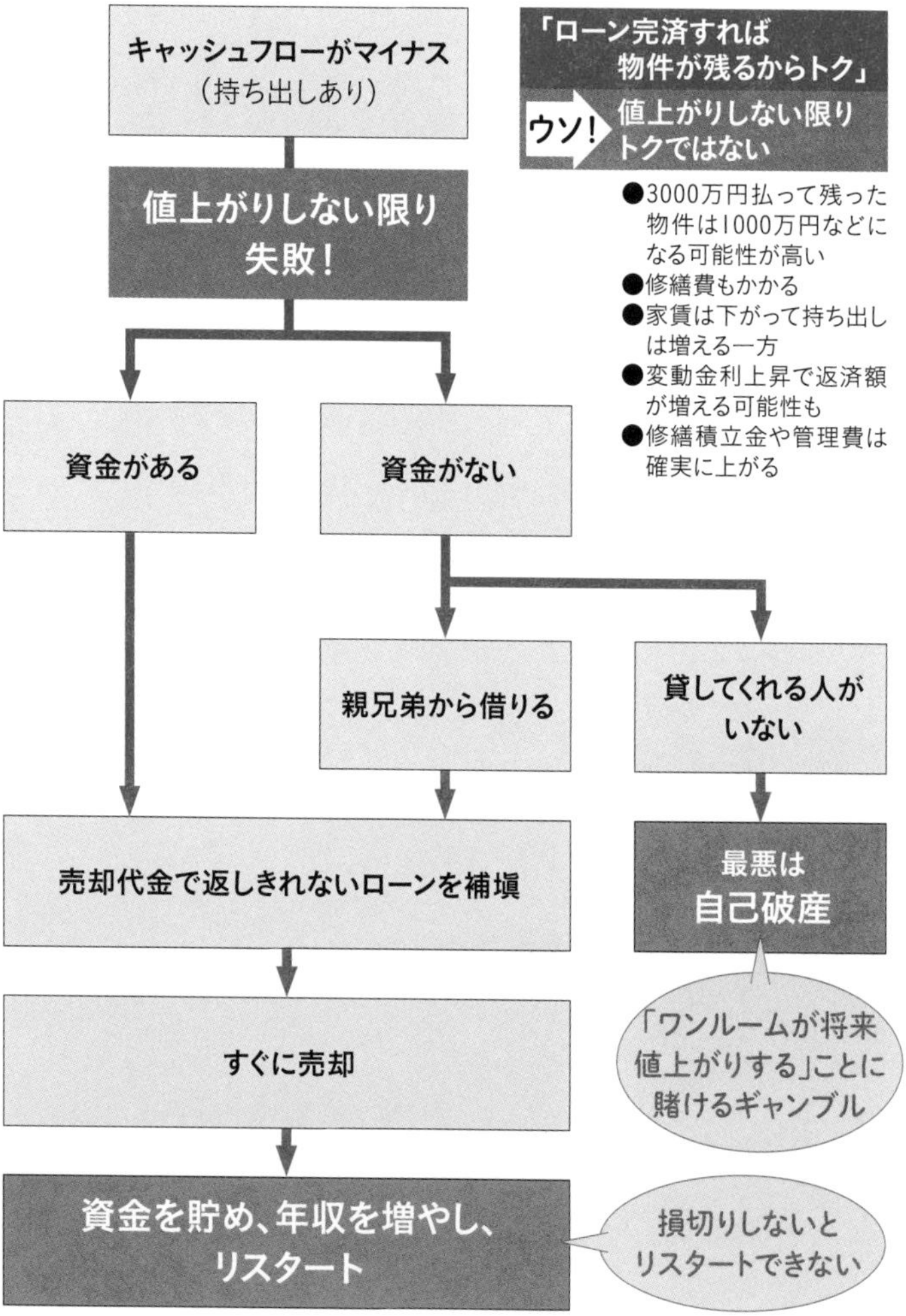
キャッシュフローがマイナス
（持ち出しあり）
値上がりしない限り
失敗!
資金がある
資金がない
親兄弟から借りる
貸してくれる人が
いない
売却代金で返しきれないローンを補塡
最悪は
自己破産
「ワンルームが将来
値上がりする」ことに
賭けるギャンブル
すぐに売却
資金を貯め、年収を増やし、
リスタート
損切りしないと
リスタートできない
「ローン完済すれば
物件が残るからトク」
ウソ!
値上がりしない限り
トクではない
●3000万円払って残った物件は1000万円などになる可能性が高い
●修繕費もかかる
●家賃は下がって持ち出しは増える一方
●変動金利上昇で返済額が増える可能性も
●修繕積立金や管理費は確実に上がる

く、35年間値下がりしない、という奇跡に賭ける、そういうことだと、ゆめゆめお忘れなきよう、よろしくお願いいたします。

自己破産は最後の道だが、命を捨てるよりマシ

損切りしか道はないものの親にも知人にも頼めないし、ローンを組んでも返せない場合、「自己破産するしかない」と言う方もいます。

私としては、自己破産には賛成しかねます。

自己破産すると、家や車など一定以上の価値ある財産を失う可能性がある、賃貸住宅への入居を断られる可能性がある、クレジットカードが利用できないなどの制限があります。それほどの影響ではないと考える人もいるのですが、クレジットカードが作れない、利用できないとなると、キャッシュレス決済も電子決済もできないということです。この時代、不便を感じることも多いでしょうし、周囲からも不審に思われるかもしれません。

なにより、借りたものは返すのが当たり前のことであり、借金を踏み倒すのはいいことではないと思うのです。

とはいえ、**借金を苦に命を落とす必要は、絶対に、まったく、ありません**。

死ぬよりは自己破産の方が何倍もいい、ということは忘れないでください。

自己破産すると仕事を失うリスクも

たとえば私が相談を受けたAさんは、４０００万円の物件を3軒購入しました。売却してもローン完済には１５００万円足りません。本来なら自己破産した方がいいのですが、私からもご両親にお話しして、ご両親からお金を借りて決済しました。

Aさんは大企業にお勤めで、仕事で使う資格を持っていましたが、自己破産すると欠格事由に該当し、資格を失ってしまう。すると会社から部署異動を言い渡されたり、最悪の場合は、解雇され、年収５００万円が消えてしまうのです。

死ぬぐらいだったら絶対に自己破産の方がいいですが、何か別の方法も摸索すべき、

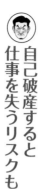

というのが私の考えです。

また、家族に資産がありすぎると、そもそも自己破産できないケースもあります。

Bさんはコツコツ質素な生活をしながら2物件購入して、毎月の赤字を貯蓄でカバーし、損切りを決意しました。ローン完済に700万円必要ですが、貯蓄もなくなり、公務員で自己破産するわけにもいかない。親にすべて話して700万円を借り、売却しました。

親にお金を借りるというのも、しんどいことだと思います。

しかし、キャッシュフローがマイナスのまま物件を抱えていたら、毎月、持ち出しの額が累積され、傷が広がるばかりです。

足りない数百万円を誰かに返さなければいけないとしたら、頑張って返していく。そして、そこからまた頑張る。不動産を買うには、「資金」とローンを借りるための「クレジット（信用）」とが必要です。努力してその両方を貯める。そうすることで必ず、素晴らしい時期に素晴らしい物件を買うチャンスが訪れます。

赤字物件を抱えていたら、リスタートできないままです。

問題がありすぎるワンルームの売り方

それにしても、なぜ、そんな投資をしてしまうのか、と思う人もいるでしょう。

ＳＮＳで知り合った人から買わされた人もいますし、ギフト券につられて数千万円のローンを組んだ人もいます。ＹｏｕＴｕｂｅでもワンルーム投資を勧める素人営業がたくさんありますし、**美人局《つつもたせ》部隊を持っている会社もあります**。

あえて有料にしたワンルーム投資のセミナーで、参加料金の何倍ものお土産をもらった人もいました。ワンルームを買うよりも、セミナーに通ってお土産をもらった方が儲かりそうです。

驚くのは、キャッシュフローが赤字になる場合、一定期間、赤字分を全額補塡する、という会社があったことです。もちろん当初2～3年のことで、それ以降は赤字になりますし、あるいは会社が破綻して補塡が止まった例もあります。

赤字分を貯蓄などからカバーするのがきつくなってきた頃、新たにワンルーム投資をする知り合いを紹介したら紹介料として数十万円プレゼントすると囁く会社もありました。

赤字分を補填したり、ギフト券をプレゼントしたり、不動産会社には何のメリットがあるのか。自分がつらい思いをしているのに人を紹介するのはいかがなものか。

少し考えれば気付きそうなものですが、いろいろと話を聞いているうちに冷静な判断ができなくなるのでしょう。

それでも裁判にならない理由

相談に来られた方の案件があまりにひどいので、裁判を起こすかどうか、検討したこともあります。セカンドオピニオン、サードオピニオンの弁護士を探しましたが、どの弁護士も乗り気ではない。

なぜか？　あくまで、知人の弁護士の個人的推測ですが、手間がかかるわりに報酬が安いからです。「かぼちゃの馬車」というシェアハウスへの投資が問題になり、集団訴訟になったのは、単価が高く、弁護士の費用対効果が高いからです。

よほどお金に余裕があり、業者憎しの気持ちが強ければ裁判もありえますが、ワンルーム投資をしているのは、お金に余裕がない中、なんとか不労所得を得ようとした人たちがほとんどですから、裁判する余裕もない。そのため、このひどい投資が広く知られることがないのです。

「儲かった人がいる」と、「みんな儲かっている」は大違い

ワンルーム投資を扱う業者の常套句に、「儲かっている人がたくさんいます」というのがあります。

それはきっと嘘ではありません。

たとえば**2011年から15年の間に買った人は、かなりの人が儲かっている**と考えられます。底値の時に買って、アベノミクスの波に乗って売った人です。

価格が非常に安く、それ以後、大きく上昇しました。誰が何を買っても儲かった時

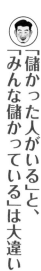

代で、ワンルームを買って儲かっている人もいるでしょう（この期間に買って利益が出なかった人は、よほどのゴミ物件を買ったと言えます）。

しかし、**「儲かった人がいる」のと、「みんな儲かっている」のとはまったく別の話**です。

標準治療ではなく、民間療法で病気が治ると謳《うた》う本があります。たしかに治ったと証言する人たちがいるようですが、だからといって、すべての人に効果があるとは限りません。治った人がいるからといって、みんなが治るわけではないのです。

ワンルームも、買う時期がよければ儲かる場合もありますし、新築の間は家賃も高め、修繕費などもかからず、キャッシュフローがプラスになる時期もあるかもしれません。そういう、「ラッキーなタイミングで投資した人」「条件がいいほんの少しの時期に投資した人」だけを切り取れば、「儲かっている人もいる」というのも嘘とは言い切れません。しかし特殊事情があっての収益では、運任せの投資になってしまいます。投資する側は、セールストークの行間を読むことが重要です。

かく言う私も騙されたことがある

ひどい目にあって相談に来られても、ほとんどの方は不動産会社の担当者を悪く言いません。私は腹立たしくて仕方ないのですが、ご本人たちは、「優しくていい人だったのですよ」などとおっしゃいます。自己否定になるからかもしれませんし、防衛本能なのかもしれませんし、それだけ辛い思いをされているのかもしれません。

かく言う私も、実はとんでもない失敗をしたことがあります。

32歳、起業7年目の時です。

人間関係で大きな挫折があり、飯も食えなくなり、1カ月で15キロ痩《や》せました。そんな時、友達の親で不動産会社を経営している人が、心配して電話をくれました。ひと通り話を聞いたあと、その人は「元気になってほしいから特別にいい話を教えてやる」と言い、ある儲け話を持ち込んできました。

私は契約書も交わさずに1000万円ものお金を振り込みました。精神的に弱っていたからなのか。信じられませんよね。結婚資金として貯めた1000万円です。

1円も返ってきませんでした。

今なら敏腕弁護士に頼んで取り戻すことも、物理的にやっつけることもできると思いますが、当時はそんな人脈もありませんでしたし、なによりそんな近しい人に騙されたことがショックすぎて、自分の中で早く終わらせたかったのだと思います。

そうした経験をしたからかどうか分かりませんが、私は騙された人を否定する気は一切ありません。

やはり、人には弱みがあるものです。瞬間的に、部分的に、間違えてしまう。それは仕方がないことで、そこにつけいるのがうまい人がいるのです。

騙されても、判断を誤っても、挽回するチャンスはあります。

私は7年間かけて必死に貯めた1000万円を一瞬で失いましたが、そこからさらに頑張って3年で2000万円作りました。それを頭金に、渋谷区の中古ビルを買いました。そして、今の私がいます。

合理的な判断ができない瞬間もある。**大事なのはリスタートすること**です。

第2章

不動産投資の成功法則

～最初に買った物件で人生が決まる！～

成功のためのロードマップ

最初の物件がお金を生めば次に繋がる

ワンルーム投資の多くは資産形成に取り組む人を陥れる罠です。ではどのような不動産投資をすればいいのでしょうか。

不動産投資で成功するために重要なのは、**最初の物件を間違えないこと**です。第1章で述べたように、最初の投資に失敗して損切りするようなことになると、次のスタートを切るまでに資金や信用を築く必要があり、時間がかかってしまうからです。

反対に、初めにいい物件を買うことができれば、返済も問題なく進み、それが信用になって次の融資も受けやすくなります。そこで得た収益を貯めていけば、それを自己資金にして次の物件を買うことができます。

私が初めて不動産を購入したのは、35歳のときです。

渋谷区内・私鉄沿線の駅から徒歩7分にある地下1階、地上5階建てで、土地面積190㎡、延床面積約600㎡の商業系ビルです

築38年(当時・昭和42年築)と築年数こそ経っていましたが、フルリフォームしたあとで給排水管も壁もすべて交換されており、まったく問題はありませんでした。かなりいい物件だと判断し、購入しました。

リフォーム代を含めると、価格は1億5000万円で、頭金は2000万円用意しました。築年数が深いため、15年ローンしか組めず、返済期間が短い分、毎月の返済額は多くなりました。それでも**月70万円のキャッシュフロー(利益)が出て、利回りは14%**です。

利回りとは、物件価格に対する年間の収益率です(詳しくは第6章でお話しします)。

月70万円、年間800万円以上のキャッシュフローが生じたため、私は不動産業とは別にメロンパン店の事業をはじめることにしました。1年半で都内3店舗、長野に1店舗開店させました。

店は軌道に乗り、その信用でローンを組み、2017年の末に2棟目のビルを買いました。改造してゲストハウスにしたところ、インバウンド需要の高まりで経営は順調でしたが、コロナ禍で一気に需要が冷え込みました。そんな状態の時に、過去に取引のあったお客様から「売ってほしい」と電話があり、改装費含めて4億3000万円で買ったものを、5億6000万円で売ることができました。税金や手数料を引いても7500万円程度、利益が出たことになります。

その資金で地熱発電所を購入。利回りは12%程度です。

ほかにも国内にいくつかの不動産を所有し、さらにフィリピンとマレーシアのマンションを投資用不動産として保有し、賃貸しています。マレーシアやフィリピンは、コロナ禍で苦戦した時期もあります。

最初に金食い虫物件をつかめばアウト！

こうして複数の不動産を持つことができたのは、最初に買った渋谷区のビルで収益を得ることができたからにほかなりません。収益率が高いことから価格は上がっており、売却すればキャピタルが得られる状態です。

知人に騙されるという大きな失敗もありましたが、それが活力になって3年で2000万円の資金を作り、運良く非常に魅力のある物件に出合うことができた。機敏に動いてそのチャンスをつかむことができた、ということです。

最初の物件が肝心で、いい物件ならキャッシュフローを生む。ローンが順調に返済できるので信用力がアップする。利益が出るから自己資金も作れる。そして次の物件を買うことができる。芋づる式に物件を増やしていくことも十分に可能です。

よくない物件を買ってしまうと、赤字になって、補填のために貯蓄も減る。損切り

最初の物件が重要！

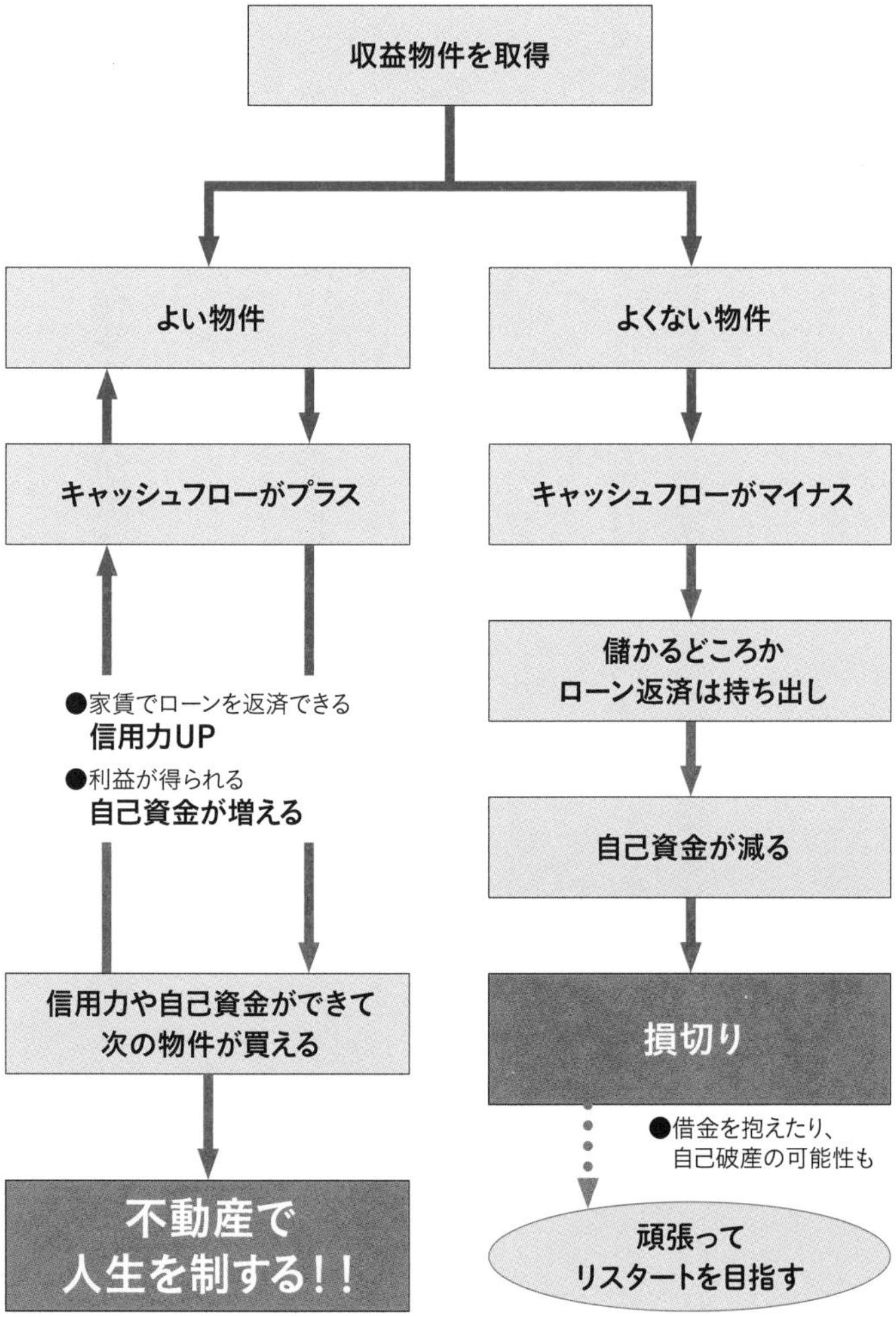
収益物件を取得
よい物件
よくない物件
キャッシュフローがプラス
キャッシュフローがマイナス
儲かるどころか
ローン返済は持ち出し
●家賃でローンを返済できる
信用力UP
●利益が得られる
自己資金が増える
自己資金が減る
信用力や自己資金ができて
次の物件が買える
損切り
●借金を抱えたり、
自己破産の可能性も
不動産で
人生を制する！！
頑張って
リスタートを目指す

か自己破産しかなく、ゼロまたはマイナスからやり直しです。

頭金ゼロ、かつ、ローンも組めて今すぐにでも不動産投資ができる。そんな軽い気持ちで不動産投資をすると大変なことになります。買えるものを買う、というのは大きな間違いです。

「そんなにいい物件はない」「そんなことを言っていたらいつまで経っても投資などできない」と批判されたことがありますが、**なければ買わなければいい**のです。ない時は買わない。ないからといって、キャッシュフローがマイナスになるような不動産を買っても何の意味もない。ただ重い荷物を背負うことになるだけで、マイナスでしかありません。

「すべては、最初に何を買うのかで決まる」のです。

毎月黒字であることが絶対条件

価格が上がるかどうか、正確な予測はできないものの、長期的には立地などの特殊事情がない限り、日本での不動産価格は下がるとみるのが妥当でしょう。

毎月のキャッシュフローから見てみましょう。

たとえばローン返済や管理費などの諸経費を引いたあとの手残り（手元に残る額）が20万円（年間240万円）、30年で7200万円とします。しかし1億円で買った物件が30年後には5000万円になったとします。

頭金は2000万円を支払い、8000万円のローンは家賃収入から返済できています。そのうえで、30年で7200万円のキャッシュフローがあり、さらに物件を売却すれば5000万円が入ってきます。1億2000万円の黒字であり、諸経費や税金を差し引いても、不動産投資としては成功です。

つまり、**キャッシュフローがあれば、価格がある程度下がってもいい**、ということです。家賃収入から手出しなしでローンを完済でき、キャッシュフローがプラスの状態を30年などの長期で維持できるなら、その物件は超優良物件と言えます。

対してキャッシュフローがマイナス月10万円・年間120万円という場合、30年持っていると3600万円の赤字です。その場合、3600万円以上に物件価格が上がらなければトータルで損、ということになります。

成長率の低い日本において、値上がりしないと利益が出ない、あるいはキャッシュフローの累積赤字を解消できない不動産はかなり問題です。**「キャッシュフローが赤字の物件＝価格上昇に賭けるギャンブル」**であり、かつ負けの可能性がかなり高いのです。

成長率が低く、価格上昇が見込みにくい日本においては、キャッシュフローがプラスになることがとにかく重要です。立地がいい、5年後に駅前再開発がある、何らかの事情があって価格が極端に安いなど、特殊な事情があれば価格上昇もあり得るでしょう。そうでなければ基本的には値上がりは難しく、キャッシュフローがプラスでなければ投資する意味がない、ということになります。

将来こうなれば成功

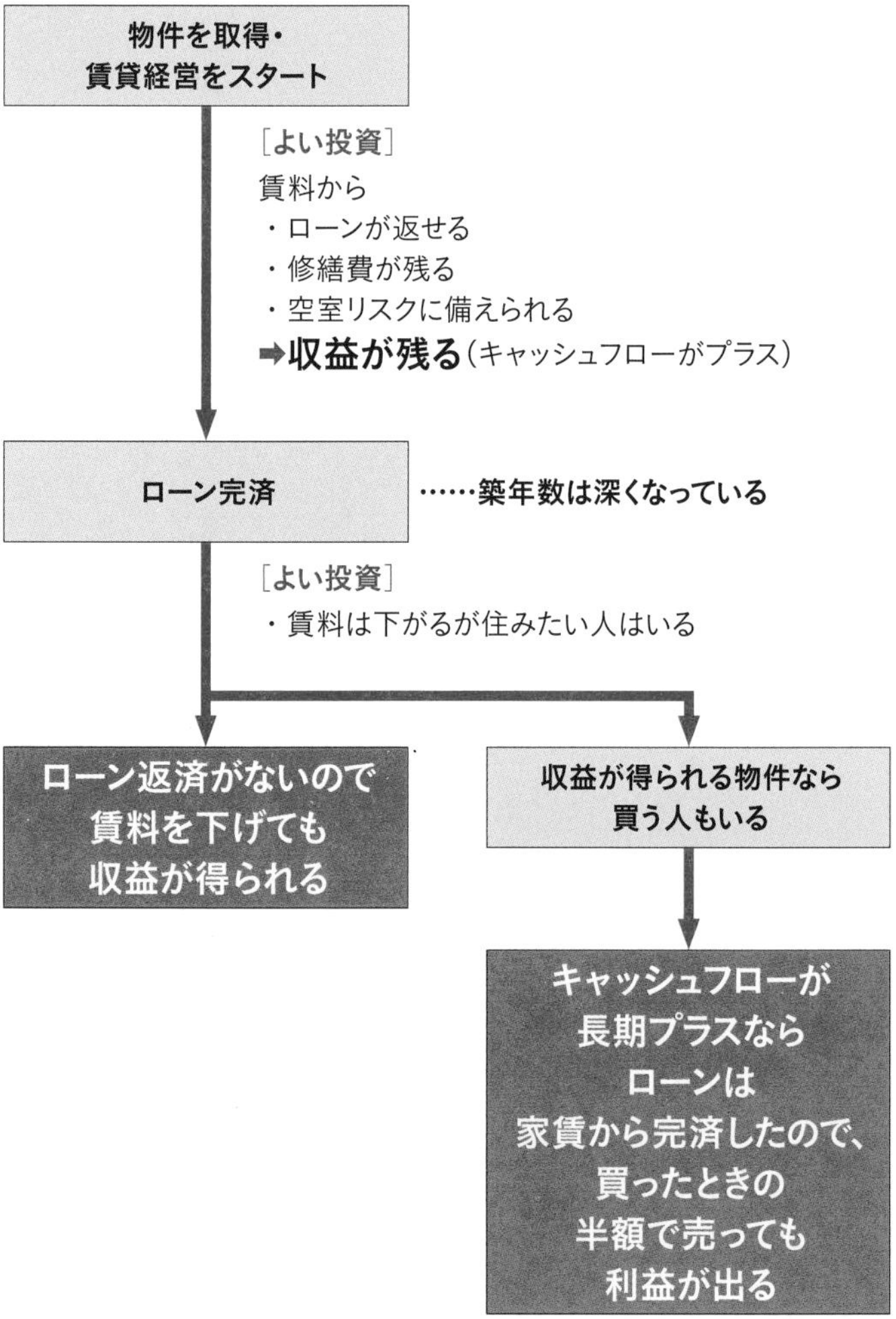
物件を取得・
賃貸経営をスタート
［よい投資］
賃料から
・ローンが返せる
・修繕費が残る
・空室リスクに備えられる
➡収益が残る（キャッシュフローがプラス）
ローン完済
……築年数は深くなっている
［よい投資］
・賃料は下がるが住みたい人はいる
ローン返済がないので
賃料を下げても
収益が得られる
収益が得られる物件なら
買う人もいる
キャッシュフローが
長期プラスなら
ローンは
家賃から完済したので、
買ったときの
半額で売っても
利益が出る

不動産投資の全体像をつかめ！

不動産投資の魅力は安定的な家賃収入です。

空室にならない限り、所有しているだけで定期的にお金が入ってくるため、「不労所得」と言われます。働かずにお金が入ってくるというのは非常に嬉しいですよね。

とはいえ、努力せずに不労所得が得られるほど、世間は甘くありません。**努力なしに不労所得を得ようなど、おこがましいにもほどがあります**。

不労所得が得られるのは、本来、選ばれし者だけです。

まず特別な才能を持っている人。モデルや俳優、小説家、音楽家など、特別な才能があり、それを活かすことで印税や使用料が得られます。

次に、ビジネスを作れる人です。会社という組織を作って労働時間にレバレッジをかけたり、会社をバイアウトして多額の資金を得たり、株式の配当だけで生きていける人です。運も努力も必要ですが、特別な才能なくしてはできません。

もう1つ、生まれた時から資産がある人です。家の金を運用しているだけで生きていける人も少なからず存在します。

本来、不労所得というのは、特別な才能、まさに銀のスプーンを咥《くわ》えて生まれた人しか得られないものです。その特別な人に並ぼうとするなら、やはり努力をしなければなりません。

頭金も貯めずに、不動産投資の基本も学ばずに投資しても、そんな簡単に不労所得は得られない。資金を作る、基本を知るなどしないと、不動産投資で不労所得を得て人生を勝ち取るようなことはできないのです。

イギリスの哲学者フランシス・ベーコンはこう言いました。「高みに上る人は、皆らせん階段を使う」。すなわち努力なくして得られない。当然のことです。

ではどう努力すればいいのか。

まずは不動産投資の全体像やロジックを理解しておきましょう。

不動産投資で儲かる仕組み、そのために買うべきものは何か、それをどう買うか、今はその時期か、手が届かないならどうするか、です。

日本人は投資をしないといけない

不動産に限らず、日本人はもっと積極的に投資をする必要があります。

なぜなら、**預金だけではインフレリスクに負けてしまう**からです。

世界はインフレが続いていますが、日本人の給料はインフレに追いついていません。日本は多くのものを輸入しているので、生活はどんどん苦しくなっています。

日本においては、20余年もの間、GDPがまったく伸びておらず、泣きたくなるような状態です。ほかの国は2〜3倍、中国にいたっては10倍ほどに増えているのに、です。そのような環境で会社に頼って収入を増やすのは大変ですし、脱サラしてビジネスを始めるのもリスクが高いことです。ある程度、投資からの収入を得ないと、これまでどおりの生活は送れない世の中になっているのです。

そうした状況に対抗するための最も簡単な方法が投資です。投資にはリスクが伴い、多くの人にとってハードルが高いですが、好きとか嫌いではなく、投資をしないと生活が維持できないところまできています。

不動産投資に向く人、向かない人

貯蓄もない、収入も少ない、知識もない、というのでは、不動産投資ができる要素がないように見えます。しかし、決して無理ということではありません。足りないピースを揃《そろ》えればいいのです。前述のように、すべての人が投資に取り組むべきであり、**不動産はその有力な選択肢になる**と思います。

資産の多寡や収入の水準は人によって異なりますが、投じるお金が小さいなら小さいなりに、大きいなら大きいなりに方法はあります。

本当は2500万円の資金と年収500万円が必要

不動産投資をする際にはローンを組みますが、金融機関からは、基本的に物件価格の20％程度の自己資金を求められます。収益性を考えると1億円程度の物件がターゲットになり、1億円の物件を買うのであれば2000万円です。

ほかに諸経費が価格の5〜10％程度かかりますから、1億円の物件を買うには2500〜3000万円の自己資金が必要ということになります。

ローンについては第5章で述べますが、収益物件の購入では、家賃収入も考慮され、おおよそ年収の20倍が購入できる物件価格の目安となります。1億円の物件を買うには年収500万円は必要です。**勝てる不動産投資には、2500万円の資金と年収500万円が必要**と言えるでしょう。

ローンは経済状況などによっても基準が異なり、2016〜17年くらいのバブル期には、年収の30倍の物件を頭金ゼロで買うこともできました。現在は融資が厳しく、頭金2割が参入障壁となっています。

ローンは65歳までに完済する

金融機関によって異なりますが、一般的に不動産投資のために利用できるローンの完済年齢は75歳程度です。また収益物件に関してはローンを組む人の年齢以上に物件の耐用年数が重視されるため、年齢をシリアスに考えなくてもいいと思います。

とはいえ、高齢になっても多額のローンを抱えていることには多少の不安も伴いますので、基本的には65歳くらいまでに完済するよう、計画するのが無難です。そこから逆算すると、基本的には**1軒目は35歳ぐらいまでに購入できるとベスト**です。

50代になると、サラリーマンであれば定年も考えなければならない年齢で、30代、40代で不動産投資をするよりリスクは大きくなります。その半面、若い世代より自己資金が多いといった強味があるかもしれません。自己資金の比率を高めるなど、年齢のリスクをカバーできる方法を考えれば50代以降でも不動産投資は可能です。

プランを考えてすべきことを逆算する

自分の年収が10年後いくらになっているかを予想してみましょう。

勤務先の3年先輩、5年先輩、10年先輩の年収はどのくらいか。それが将来の自分の年収の目安であり、その20倍程度が、購入できる価格のおおよその目安です（経済状況によって変動します）。

また年収が増えていけば、貯蓄できる額も増えていくと考えられます。今の年収では年間いくら貯められるのか、その先、どうペースを上げるか、具体的な目標を立てることもできるでしょう。

用意できる資金などから考えて買えそうな価格が5000万円だとしたら、その場合のベストな投資はなんだろう……という意識を持つこと、そこから勉強を始めるのがいいと思います。

「不景気で不動産価格が下落していれば都内に小さなアパートを買えるかもしれないけれど、好景気で価格が高騰していたら買えない。高騰している時に買っても仕方ないから、自己資金をしっかり増やして価格が下がってきた時に都内で小さいビルを買うのを目標にしよう」といった具合にプランを描いてみるのです。

そして、都内の5000万円の状態のいいアパートなら、利回りはどれくらいで、立地はどのあたりになるかなど、人に聞いたり、本を読んだり、いろいろな方法で調べたり、考えたりしていきます。

そうやって情報を蓄積したりしながら、仕事を頑張って資金を準備することが大切です。

プランを描き、そこに近づくために必要なことをしていく。逆算の発想です。

そうする中で、東京都内のアパートなのか、地方の一戸建てなのか、さまざまな選択肢から、ベストなものを選択できるよう、準備することが重要だと思います。

収入の見通しを立て、資金をいくら作るかを計画し、それを実践していく。その間に知識を蓄積して、機を逃さずできるように整える、というわけです。

私は、「最初に1億円のビルを買う」と決めていました。

すでに会社を設立していたので、個人でなく、税金対策を取りやすい法人として買う計画を立てました。そのためには会社の売上をどの程度まで上げ、維持する必要があるかを計算し、毎年必ず黒字にすることを目標としました。

そのくらい具体的に考える必要があります。ワンルームを買って赤字になっている人や、詐欺まがいの投資に引っかかる人は、投資について具体的なプランを立てたり、そのために何が必要かなどを考えたりせず、**持ち込まれた話に飛びついてしまっているケースがほとんど**です。勉強もしていないし、考えていない。それで不労所得が得られるわけがない、のです。

節税効果があるのは相続税だけ

不動産投資の目的を明確にすることも重要です。

基本的に不動産投資は「キャッシュフローを得る」ことが目的です。言い換えれば、不労所得を得ることです。しかし、物件を探したり、不動産会社の営業マンなどから勧められるうちに目的があやふやになってしまったりすることがあります。

たとえば、節税効果があるという謳い文句で不動産投資の営業をしている例も少なくありませんが、**不動産投資で節税できるというのは大きな誤解**です。医師など、所得の高い人はとくに注意が必要です。

節税目的の不動産投資として成り立つのは、基本的には相続税対策のみです。資産が多く、相続税の負担が重い場合は相続税対策の必要性が高いと言えます（相続税を惜しみなく納めたいという人は別です）。相続税がいくらになるかは財産の内容によって異なり、預金や株式を1億円持っていれば1億円として評価されますが、**1億円の不動産を購入した場合、評価額は大きく軽減される場合がほとんど**です。

1億円を現金のまま相続するより、賃貸アパートを購入するなど、不動産の形にして相続することで相続税の負担を減らせます。

ただ、この不動産による相続税対策も税務署に近年は認められない可能性もあるので（さすが財務省対応が早い！）、顧問税理士とよくご相談ください。

問題なのは、「損益通算によって税負担が軽減できる」という話です。

ビルやアパートを購入して賃料収入を得ると、確定申告をして税金を納める必要があります。賃料収入は「不動産所得」で、得られた家賃収入から、ローン金利や管理費用、不動産会社に支払う報酬などの経費を引いて計算されます。

不動産所得が黒字なら税金がかかりますが、家賃収入より経費が多く、不動産所得がマイナスだと税金はかかりません。さらに、マイナス分をほかの所得（給与所得など）から差し引くことができます。これを「損益通算」と言い、所得税や住民税が節税できるというわけです。

たしかに一見、節税にはなります。しかし、よく考えてください。

不動産所得が赤字になるということは、利益が出ていない、ということです。不動産投資で損をすることによって税金が安くなっても意味がありません。

1つ、税制面で旨味があるのが、**「減価償却」**です。

減価償却とは、時間の経過とともに建物の価値が減っていく（減価する）分を経費（減価償却費）として認めてくれるものです。金額は建物の取得額や構造、築年数などによって異なります。

減価償却費は実際にその額が消えるわけではありません。そのため、減価償却費を除いた実質的な収支は黒字になっていて（利益が出ていて）も、減価償却費を引くと赤字になり、税金がかからない、さらに損益通算もできる、というのであれば、たしかに一定の節税効果が得られます。

そうではなく、**キャッシュフローがマイナスだけれど損益通算で節税できる、だから不動産投資はメリットがある、というのは変な話**なのです。

損益通算でお金が戻るのは、不動産投資で損しているから戻っているだけです。簡単に言えば、**「損が出ていて大変ですね。税金をおまけしますね」**ということであり、「税金が安くなるから損した方がいいですよ」ということではないのです。

「手出しが月2万円あるけれど、その分、税金が安くなります。しかも不動産という資産が残ります」などのセールストークがありますが、残る不動産の価値が下がってしまえばあまり意味がありません。

また減価償却部分がなくなれば、節税効果は極端に減ります。**ＲＣ造（鉄筋コンクリート造）では築47年まで、木造では築22年までなど、減価償却できる年数には限りがあります**。節税効果があるにしても、一定の期間であり、何年も続くわけではないのです。

以前はワンルーム物件のパンフレットなどにも損益通算によって節税できるなどと書かれていましたが、最近では、損益通算による節税効果には言及せず、相続税対策になることのみが書かれている例が多いようです。さすがに、書面で堂々と謳うのは控えるようになったのでしょう。それでも、損益通算で節税効果が得られると強調するセールストーク、またそれに魅力を感じて投資したという人も少なくないので、注意が必要です。

不動産は保険代わりにならない

不動産会社お決まりのセールストーク3本柱は、不労所得、税金対策、そして「保険代わりになる」です。

物件購入のためにローンを組む際には、団体信用生命保険（団信）に加入します。これは、借りた人が死亡または高度障害状態になった場合などにローンの残債と同額の保険が下り、返済が不要になるものです。そうしたスキームに着目して、「ローンを組んで不動産を購入すれば、いざという時には返済の必要なく物件が残る。家賃収入が得られるから、それが保険代わりになりますよ」というわけです。

しかし、人の寿命は長いもの。30歳で35年ローンを組めば完済予定は65歳で、統計上、それまでに亡くなる可能性は高くはありません。

さらに言えば、団信でチャラになるのはあくまでローンの残債なので、時とともに保障額は減っていきます。一般的な保険は保険料の一部が所得税から控除されて所得税や住民税が抑えられる節税効果がありますし、保障額が減ることもありません（商品によっては保障が逓減していくタイプもある）。団信は保険の代わりにはならないと思いませんか？

自宅に資産価値を求めるのは間違い

自宅を購入する際には住宅ローンを組むのが普通です。借入が多いと、不動産投資でローンを借り入れる際に多少は影響しますが、自宅についてはどう考えればいいでしょうか。

まず念頭に置きたいのは、**「資産になるから住宅は借りるより買った方がいいという考えは正しくない」**ということです。

2011年から20年のような好景気の波に乗っていれば価格は上昇し、資産としての価値が上がりましたが、景気がかなりいい、あるいは立地に希少性があるなどの特殊要因がない限り、基本的には価値が下がっていきます。**ローンを完済すれば、たしかに土地建物はあなたのものになりますが、そこにどれくらいの価値があるかは未知数です。**

賃貸では何も残りませんが、その代わり、修繕費がかかることはありません。自宅は水回りの故障や建物の劣化など、修繕費も全額自己負担です。

また多くの場合、30年前後の間、収入の3割程度が住宅ローンの返済で消えていきます。価値が下がっていくもののために、長きにわたって収入の多くを投じることになりますし、ローンがあることで、ほかのことにお金が使えない、ということにもなります。

家は無駄かもしれないが、持っていい

とはいえ、自宅を資産価値や投資対象として語るのはあまり意味がありません。な

ぜなら、家は損得ではなく、欲しいから買うもの、だからです。

したがって、**損得抜きにして、マイホームは買いたいなら買った方がいい**、というのが私の考えです。

購入する時期についても相談されますが、お子さんのいる世帯では、家族全員がひとつ屋根の下で暮らせる時期は意外と短く、出産直後に買ったとしても20年ぐらいしかありません。夢のマイホームで家族全員揃ってハッピーファミリーライフを送りたいのなら、1秒でも早く買った方がいいと思います。


住んでいる家を売って収益物件を買いたい(不動産投資をしたい)という依頼も少なくありません。

マンション、戸建てにかかわらず、「いい時期に買って、値上がりしている。今後は下がる確率が高そうだから、今のうちに売って、そのお金で不動産投資をしたいので収益物件を探してください」という人が多いのです。

たしかにそういう考えもあります。悪い判断ではないでしょう。

そういう人たちはマイホームに強い思い入れがなく、なんとなく買えたから買ったとか、もう飽きたなどという人たちです。

しかし、夢のマイホームを買って満足しており、手を入れながら一生住みたい、なんなら家と一緒に燃やしてほしいみたいな人は売るべきではありません。

私は会社を作って1年目に、死ぬほど頑張ったご褒美として小さいスポーツカーを買いました。今や年に1回エンジンをかける程度でまったく乗っていません。駐車場代もかかるし、排気量も大きくガソリン代も馬鹿みたいに高いので税金もかなりの額で、まったくの無駄なのですが、売る気にはなりません。好きだから、頑張って買ったという思い入れがあるからです。

家も同じで、電卓を弾いたら売った方がいいけれど、気持ちがあって売れないというのなら、それでいいのです。**合理性、経済性も大事ですが、どんな気持ちで、どんな目的で持っている家なのかが一番重要**です。無駄なものは人生において絶対に必要で、とても大切だと思います。無駄なものにお金使えない人生なんて、楽しくありません。

住む家ならハウスメーカー、売る家なら工務店で建てる

参考までに述べると、更地に家（建物）を建てる場合、家族で住み続けるならハウスメーカー、賃貸に出したり売却したりする可能性があるなら工務店に依頼するのがよさそうです。

有名ハウスメーカーで建てる場合と、工務店で建てる場合は、価格に1・5〜2倍の差があります。しかし売却する際、ハウスメーカーで建てた家なら1・5倍で売れるかといえば、そこまでのプレミアはつかず、せいぜい1〜2割高い程度です。

つまりハウスメーカーの家は贅沢品であり、売却を考えると費用対効果が高くないのです。**一生涯、夢のマイホームに住み続けたいならハウスメーカーが理想的で、売る、貸すなどを考慮するならリーズナブルな工務店が適しています**。

ただ、ハウスメーカーの家は住んでみると遮音性、耐震性など全然違います。私の実家は当時勤めていた大手ハウスメーカーで建てましたが、2011年の東日本大震

災の時も揺れが小さく、近隣の家はすべてガスの安全弁が閉じて止まったのに、実家は止まらなかったほどです。大手ハウスメーカーは構造体の部材の品質や技術が違うのです。夢のマイホームですからね、せっかくならよいものを、と私は思います。

不動産投資の準備はできていますか

84頁の図は、不動産投資で成功するためのロードマップです。繰り返しになりますが、最も大きなポイントは、**「初めに買ったものですべてが決まる」**ということです。

十分な資金があり、長期的に収益性が期待できる物件が見つかった場合は、すぐに不動産投資を始めることができます。

資金が十分ではない、いい物件が見つからないという場合は、借入を可能にするためにも年収を高め、自己資金を増やすようにしましょう。不動産会社とコンタクトを取って物件の情報を依頼し、**第三者として意見をくれる弁護士、司法書士、税理士、行政書士などの友人を持てると心強い**です。

そうした準備を進める間に、**「未接道の物件」「築古の物件」**（第7章で解説）など、リスクが高いものの比較的始めやすい金額で投資できる物件を検討する手もあります。年収や資金などの条件が整い、いい物件が出たら投資しましょう。景気悪化などで物件価格が下落した時を狙うのも効果的です。

いい物件に投資できれば、収益を得ることができ、自己資金が増え、信用力がアップし、次の物件が買える……などのいいサイクルに乗ることも可能です。

成功するための具体的なロードマップについては第7章で解説します。

不動産投資で成功するためのロードマップ

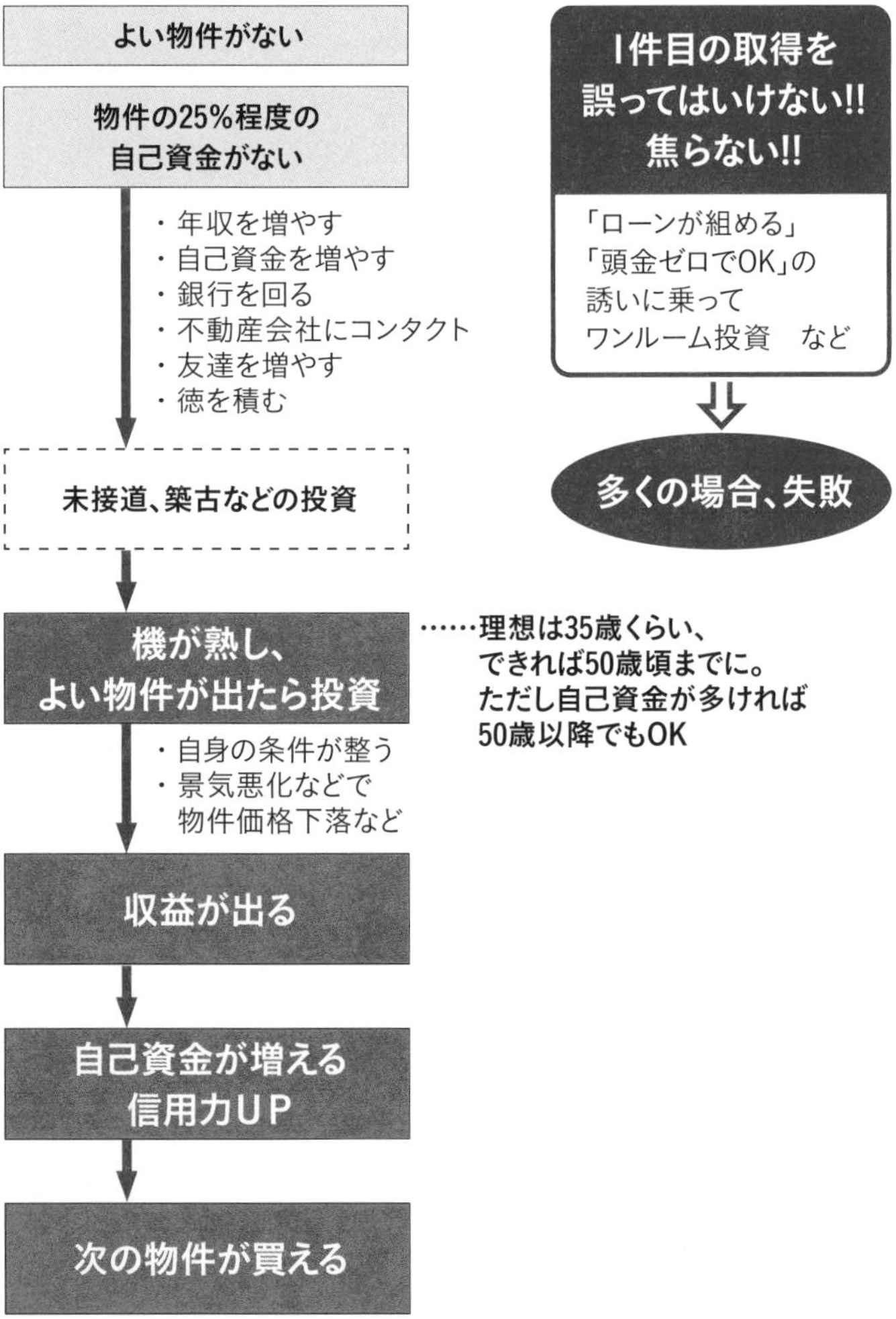
よい物件がない
物件の25%程度の
自己資金がない
・年収を増やす
・自己資金を増やす
・銀行を回る
・不動産会社にコンタクト
・友達を増やす
・徳を積む
未接道、築古などの投資
機が熟し、
よい物件が出たら投資
……理想は35歳くらい、
できれば50歳頃までに。
ただし自己資金が多ければ
50歳以降でもOK
・自身の条件が整う
・景気悪化などで
物件価格下落など
収益が出る
自己資金が増える
信用力UP
次の物件が買える
1件目の取得を
誤ってはいけない!!
焦らない!!
「ローンが組める」
「頭金ゼロでOK」の
誘いに乗って
ワンルーム投資　など
多くの場合、失敗

不動産会社選びで9割決まる

信頼できる不動産会社を見つけよう

不動産投資をするなら不動産会社を通じて売買するのが普通ですし、入居者の募集や管理を行う管理会社、修繕などを行うリフォーム会社などとの付き合いも生じます。管理会社やリフォーム会社などは、不動産会社から紹介を受けることが多いでしょう。手続き上も、またプロの知識や経験を活かした助言を受けるという意味でも、信頼できる不動産会社の存在が欠かせません。

しかし、本書の冒頭でも述べたように、星の数ほど不動産会社がある中で、顧客の利益を優先する、信頼できる不動産会社は多くはありません。

不動産会社は賃貸なら賃貸専門の仲介会社、自宅は主に分譲会社などと別の会社と付き合うことが多く、不動産会社にとっても「お客様利益優先の姿勢で信頼を得て、リピーターになっていただく」というインセンティブが働きにくいことも要因です。最近は完全歩合制のフリーの不動産エージェントを所属させる不動産会社も増えているようですが、実際には会社が囲い込んだ顧客に営業したり、身内への販売を促したりするシステムが多く、ライフプランを考えながら必要に応じて不動産投資を指南するといったエージェントはごく少数だと思います。

不動産会社の本来の仕事、役割は、お客様のライフプランを踏まえたうえで不動産売買の提案をすることです。

YouTubeで不動産投資を提案するものにも、集客や物件の購入に繋《つな》げて不動産会社からリベートを受けるという目的が見え隠れするものがあり、歪《ゆが》んだ提案も見受けられます。

住宅展示場などでファイナンシャルプランナーが住宅ローン相談をしていることもありますが、基本的には買う前提での資金計画の助言であり、「買わない方がいい」という提案をしている例があればかなり良心的でしょう。

投資ではなく、自宅であっても、そもそも不動産を買うのは相当なチャレンジです。30年前後もの間、年収の3分の1程度をローンの返済に回すことは小さくないリスクであり、相当な覚悟と決断が必要です。そのことをきちんと伝えている不動産会社はいないでしょう。

とくに現在はほとんどの人が変動金利型のローンを組んでいます。当初の金利が低いため、返済額が抑えられ、それ故、多く借りてしまいがちです。**変動金利型は私に言わせれば家を買わせるための撒《ま》き餌《え》のようなもの**です。目一杯ローンを組んでしまった場合、途中で金利が上がれば返済額が大幅にアップして大変なことになる。そういうことまで考えて買っている方はいないですし、不動産会社はどこまで注意喚起をしているのでしょうか。

不動産会社はより高いものを買ってもらうのが仕事です。

仲介であれば、仲介手数料が入りますが、仲介手数料は「物件価格の3%+6万円(別途消費税)」(上限)で、物件価格が高いほど、手数料も多くなります。

また自社物件として販売される(売主と販売会社が同じ)ケースでは、価格を高く設定することで利益を大きくすることができます。

いずれにしても、より高く売りたいという思いがありますから、リスクを考えたうえで適正な予算を考えてくれたり、「借入は抑えて手頃な価格の物件にしましょう」などと提案してくれることはないでしょう。

その不動産会社、「買わない方がいい」と言ってくれますか

ある時、病院勤務を経て独立開業された医師のCさんご夫婦が、自宅の取得について相談にみえました。「ペアローンを組んで家を建てたい。ついては土地を探してくれないか」というご相談です。

Cさんにお話を伺うと、開業した医院の経営が順調で、近いうちに分院を開業することを検討されていると言います。現在は医療法人の設立が難しく、その場合も、個人事業主を継続する可能性が高いとのことでした。

そこで私は、家を買うよりも先に分院の計画を進めることをご提案しました。自宅

購入のために融資枠を使い切ってしまうと、分院を建てるためのローンが組めない可能性があるからです。

そうしたリスクを負うよりも、分院を設立してビジネスを広げる。それまでは賃貸で住んで、自分たちにふさわしいのはどんな家かを話し合い、マイホームのプランを考えることを提案しました。

買いたいと言っているお客様に、先送りを提案することが正しいかどうかは分かりませんし、自宅購入が先送りされれば私には仲介手数料は入りません。それでも私がプロとしての意見を述べたことで、少なくとも、お客様が優先順位を検討するきっかけを作り、選択肢を増やしたと思います。

ご希望に沿う物件を紹介した方が喜ばれた可能性もありますし、夢を壊すなと叱られるかもしれません。**実際、本音で話してくれと言われて本音で話したら連絡が取れなくなったり、別の不動産会社から買われたりしたこともあります**。それはそれで仕方のないことです。どんな不動産会社を選ぶかは、ご自身のお考え次第です。

分院設立の際に賃貸物件探しを依頼される、経営が軌道に乗り、数年後に自宅用に倍の価格の土地を買ってくださる、客に寄り添った提案をする不動産会社だということでほかのお客様をご紹介いただける。そんなお客様が増えると、不動産会社も多少は変化していくかも知れません。

手数料は同じでも サービスの質は大違い

どこまでやってくれるか、どの程度、親身になってくれるかは、不動産会社次第です。仲介手数料が同じだとしても、やってくれること、またその充実度合いは不動産会社によって異なるのです。

たとえば収益物件を買うかどうかを判断するには、**10年、20年後の家賃がどうなるか、修繕費がどれくらいかかりそうか、空室率はどれぐらいで将来の利回りがどうなるか、キャッシュフローがどう変化するか**、などの見通しが必要です。そうした見込みを立てるのは、本来、不動産会社がやるべき仕事だと思います。

しかし、実際にどこまでするか、できるかは不動産会社によって異なり、買わせることだけに懸命な「焼き畑農業的思考」の不動産会社が多いと言えます。

魅力のある物件が少なく、物件が出てきたらいいものはすぐに買い手がつくという状況においては、頼れる不動産会社の助言を受けるのがベストです。

やはり餅《もち》は餅屋で、普通の人がいくら勉強しても、残念ながら限界があります。「シミュレーターで何時間も試した」という人より、「実戦で戦ってきた」人の方が強いですし、バッティングセンターで打てるとしても、試合で打てるとは限りません。いくら座学を勉強しても、現場を見ている人には追いつけない部分があります。いい不動産会社に出合うため、**複数の不動産会社にコンタクトを取って信頼できる会社を選ぶ**ことも、不動産投資で成功する秘訣です。

正直不動産会社の見極め方

大手から、地元で長く営業している地場企業まで、街によっては、10軒近くの不動産会社が営業していることも珍しくありません。

いい不動産会社を見極めるのは簡単ではないですが、**見極め方のヒントの1つとしてあげられるのが、免許番号**です。

不動産会社は国土交通省または都道府県知事から免許番号を取得しています。2つ以上の都道府県にまたがって営業する場合は国土交通大臣免許、1つの都道府県のみで営む場合は都道府県知事免許です。

店内に「宅地建物取引業者票」が表示されており、そこに記載された免許番号を見れば、国土交通大臣免許か、都道府県知事免許かが分かります。

また免許番号は**「東京都知事（1）第12345号」**などとなっており、（　）の中の数字は、更新された回数を表します。**免許は5年ごとに更新が必要で、（1）なら開業から5年未満、（2）なら5年以上10年未満**ということです。

免許番号は店舗やホームページ、物件のチラシなどにも記載されています。長く営業しているから安心とは言い切れませんが、あまりにひどいことをしていれば長くは営業できませんから、ある程度、安心の目安にはなるでしょう。

お客様の中には、来店早々、「免許番号5番だね。安心できるね」などと話される方もいます。

5番ということは、20〜25年営業しているということであり、あまり多くはありません。実は不動産業は倒産しやすい業種なのです。

そもそも商いというのは、人脈と資金がないと続けられません。飲食店でも店を開けていれば商売が成り立つだけのお客さんが来るというものでもないですし、ましてや不動産会社は日常的に必要な業種ではありません。その時限りの売り方、付き合い方をしていては、事業は継続できないのです。

1つ注意したいのは、免許番号が大きいものの、実際には歴史がない、というケースがあることです。たとえば創業者が高齢になり、事業を譲渡したケースなどです。免許番号は(10)だけど、経営者も従業員も経験が浅い、という例も増えています。

士業の友達を持っていますか

不動産会社選びも重要ですが、ぜひお勧めしたいのが、弁護士、税理士、宅建士の友達を持つことです。それができれば人生はかなり楽になると思います。

税理士の友達にワンルームを買う相談をしたら引き留めてくれるはずです。

弁護士の友達がいれば、「ちょっと飯おごるから契約書を見てみて」と頼むことができ、問題があれば、「これは詐欺だよ」「勧められないよ」と言ってくれるでしょう。

宅建士の友人がいれば、ワンルーム投資に手を出すこともないかもしれません。


信頼できる不動産会社、本物の不動産エージェントがいれば、そうした友達がいなくても大きな失敗は避けやすいですし、自社物件を売り飛ばすためについている謎の税理士や謎のファイナンシャルプランナーではなく、きちんとした税理士や弁護士を紹介してくれます。またまっとうな士業専門家は別の専門家とも繋がっていますから、税理士、弁護士、宅建士、いずれか1人の友達がいれば、必要な専門家を紹介してもらうこともでき、それはとても貴重な財産になるはずです。

第3章

収益がきちんと上がる物件の条件

～東京は実質18区だ～

どんな物件がいいか

日本で将来があるのは東京18区だけ

まずはどんな物件なら収益が得られるかを知りましょう。

十分な収益性が期待できる物件と投資の方法。それは**「東京18区・RC造（鉄筋コンクリート造）の中古ビル一棟買い」**です。

長期的に高い入居率を維持できそうなのは、東京都の特定のエリアに限られます。

ピカピカの新築ビルは採算性がよくありません。

マンションの一室を買う区分所有ではコストが割高で、修繕の自由もありません。

RC造なら、長く使えて、ローンもある程度長めに組めます。

以上のことから、不動産投資をするなら「東京18区・RC造の中古一棟ビル」一択、と考えられるのです。順に見ていきましょう。

人口減少については説明するまでもありません。地方では空き家が増加しており、国がさまざまな施策を打ち出していますが、人が減るのに新しい家をどんどん建てているのですから、余るのは当たり前です。

家が余るということは、貸し手市場ではなく、借り手市場ということであり、貸す側は空室リスクに脅かされることになります。少子化対策が功を奏して出生率が高くなったとしても、**10年、20年先まで、家が余る状況は続きます**。

そうなると、不動産投資はほとんどの地域においては逆風であり、唯一、期待が持てるのが、東京都です。

首都機能の地方分散などが多少進むとしても、「TOKYO」は国際的なブランドです。多少、東京に住む日本人の人口が減っても、外国人が住むでしょう。もし居住者が減って東京の賃料が安くなれば、今度は地方の人が東京に住むようになることも考えられます。東京は生き残る、それ以外は賃貸市場としては危険、というわけです。

東京18区

東京23区から足立区、板橋区、北区、江戸川区、葛飾区を除いた地域

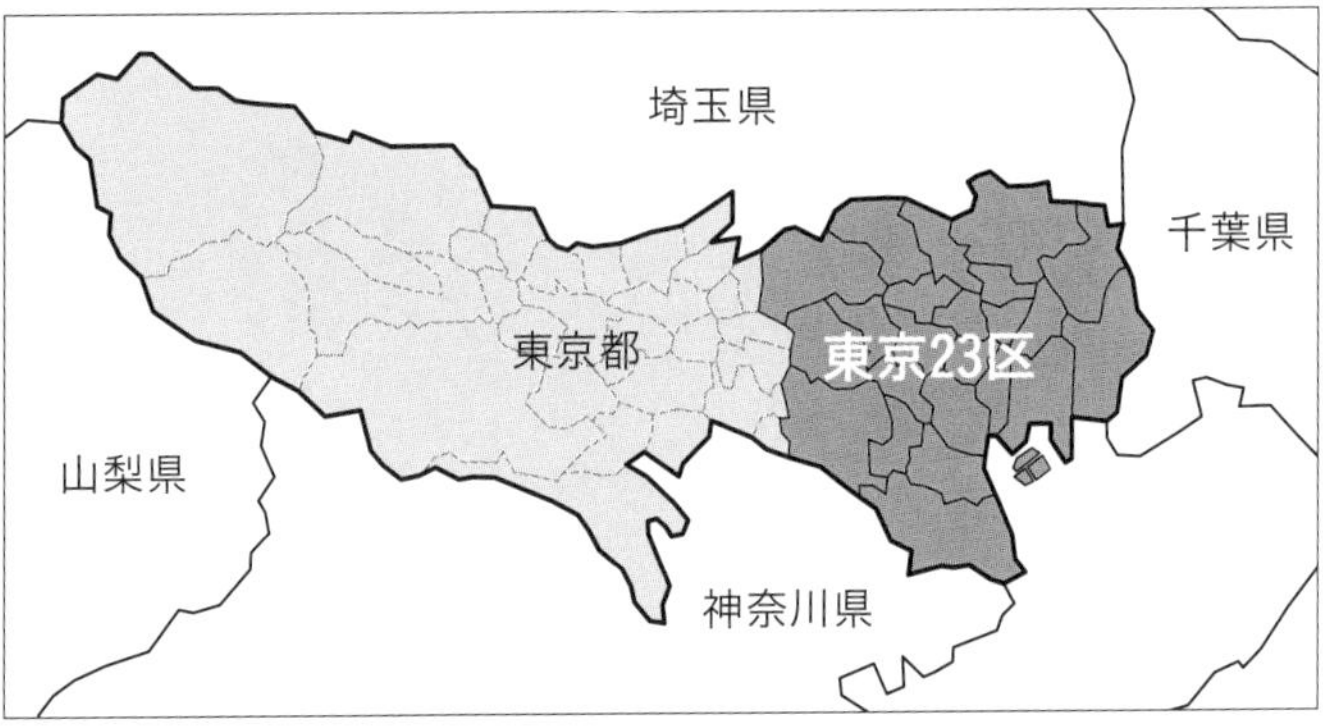

なお、ここで言う東京とは、東京都の18区です。**不動産業界では、東京23区から足立区、板橋区、北区、江戸川区、葛飾区を除いた地域を東京18区と呼び**、競争力があると考えられています。

これは私が言っているわけではなく、業者によってはこれらの地域（5区）は取り扱わないと明言しているのです。ただ、これらの区でも特別駅に近いなどのポテンシャルがあったり、北千住など人気の駅周辺物件は資産性が高いと思います。

短期的にも、長期的にも、東京18区をメインの候補にするのが得策でしょう。

収益を狙うなら中古一択

できれば新築の物件が欲しいと考える人も少なくありませんが、不動産投資は憧れを叶えるものではなく、収益を得るためのものです。より収益性が高いのはどちらかという観点で見れば、**圧倒的に新築より中古**です。

新築は開発者の利益や宣伝費が価格に転嫁されているため、その分、割高になっています。収益性を高めるには、コスト（購入価格）を抑える必要があり、その点だけでも新築より中古です。

築年数や物件の状態によっては修繕が必要なケースもありますが、多くの場合、修繕費を加えても、新築を買うより安く済みます。それほど、新築は割高なのです。

家賃は新築の方が高いのでは、と思うかも知れません。たしかにそうですが、新築と言えるのは最初の入居者募集の時だけ。最初の入居者が退去し、次に募集を掛ける時からは中古の扱いです。中古より新築の方が家賃は高いのなら新築時より家賃を下げなければなりません。**家賃を高く設定できるのは、ほんのわずかな期間に限られ、中古より重くかかったコストを回収できるほどではない**のです。

また新築は家賃が高めに設定できるがゆえに、絶対に下がる、かつ下がる幅が大きい、という特性もあります。対してある程度築年数が経った中古では、家賃がすでに下がっており、それ以上は下がりにくい、下がったとしても下げ幅は限定的と言えます。そのため、先々の収益についても見通しが立ちやすいというメリットもあります。

新築アパートを手掛け、テレビCMもガンガンやっている、とある大手建設会社のホームページには、実に驚く内容が書かれています。2億5000万円、3億円という規模の物件で年間のキャッシュフロー（家賃収入から返済や経費支払いなどをして手元に残るお金）が100万円程度、1部屋でも空き部屋が出たら赤字だと言います。

「1年で100万円儲かるならいいのでは？」と思ってしまいそうですが、**1部屋でも空室になれば赤字**です。

また2〜3年経てば家賃は下がりますから、空室が出なくてもすぐに赤字になるでしょう。「家賃が下がりません」とは書いてありませんが、少し考えれば、「下がれば損しますよ」と書いてあるようなものです。それなのに買おうとする人がいるのか、不思議です。

新築が有利なのは、税金対策で不動産投資をする場合くらいです。

収益物件を購入すると、一定の年数、建物の価値を減価償却することができます。

減価償却とは、建物価値が年数を経るごとに減っていくので、それを経費として認めてあげますよ、というものです。減価償却することで利益が抑えられ、利益にかかる税額が軽減されます。減価償却ができるのは法律で定められた耐用年数（RC造で47年など）の間なので、新築で取得した方が、長い期間減価償却が利用でき、税軽減のメリットがあります。

また自身が所有する土地にアパートなどを建てる場合は、不動産会社の利潤がのらない分、不動産会社から新築の物件を購入するよりは建物分の費用が多少安くできると考えられます。

税金対策を目的とするケースや土地を持っている人なら、新築も検討の余地がありますが、**普通に収益物件を買うのであれば、新築ではなく中古**、です。

一棟買いなら自身の判断で賃貸経営できる

一棟買いとは、ビルやマンションなどを1棟丸ごと買うことです。対して、一棟の建物の中の特定の住戸を持つことを、「区分所有」と言います。区分所有の場合、建物には複数のオーナーがいますから、建物の管理なども自由に行うことができず、コストも高めになります。

たとえば分譲マンションでは、管理費と修繕積立金が家賃の15〜20%で設定されており、**中には都内6万円のワンルームで2万5000円など、40%以上が経費として消える例もあります**。ローンを返済して、管理会社に入居者募集などの手数料を払って……などとしていくと経費がどんどんかさみ、収益性が極端に低くなります。収益が出ない可能性もあります。

一棟買いであれば、管理をどこに頼み、いくらかけるか、また修繕についても自分で判断することができます。自身で業者を選べるため、相見積もりをとる、比較検討する、交渉するなど、工夫次第でコストを抑える余地があります。

建て替えについても、区分所有では住民（管理組合員）の5分の4が建て替えると言えば必ず建て替えなければなりません。建て替えるとなれば、船頭が多すぎてもたもたしがちで、もたついている間、建物が古いままで収益性が失われる可能性もあります。売却を視野に入れていたのに、建て替えが決まって時期を逸してしまう、ということにもなりかねません。

一棟買いであれば、建て替える時期も自分で決められます。適切に修繕して築80年は使用する、といった決断も可能です。一棟買いの方が自由度が高く、一棟買いなら何かに足を引っ張られることがない、というわけです。

RC造なら長く使える、ローンも長く組める

建物は、木造、軽量鉄骨、重量鉄骨、鉄筋コンクリート造（RC造）の4つに分けられます。建物の構造によって税務上の耐用年数が定められており、木造は22年、軽量鉄骨は27年、重量鉄骨は34年、鉄筋コンクリート造（RC造）は47年です。

実際に建物として使用できる年数は法定耐用年数とは異なりますし、使い方や修繕の履歴などによって違ってきます。とはいえ、構造による違いは明らかで、**RC造の法定耐用年数は木造の2倍以上、重量鉄骨に比べても10年以上長い**など、群を抜いています。耐久性の高い建物の方が長期間使用できて長期で投資価値がある、というの

税務上の耐用年数

木造	22年	軽量鉄骨	27年
重量鉄骨	34年	鉄筋コンクリート造（RC造）	47年

は言うまでもありません。

またローンの借入についても建物の構造によって大きな差が生じます。構造により、返済期間が異なるからです。詳しくは第5章で述べますが、木造を築10年で買った場合は「耐用年数22年－完成からの経過年数10年」で、最長返済期間は12年となります。対してRC造であれば耐用年数が長い分、返済期間も長めにできるのです。

また金融機関によっては、RC造に限り、「耐用年数－経過年数」を超えた年数で借りられることもあります。**それは建物を長く使用できる、つまり長く賃料収入が得られる**、と考えられているからです。

以上のことから、私は「東京18区・RC造の中古一棟買い」が不動産投資のベストな選択だと思っています。

収益性で考えると
レジデンス系より商業系が有利

さらに詳細についても見ていきましょう。

収益物件にはレジデンス系（住居系）と店舗やオフィスなどの商業系があります。

日本ではレジデンス系の家賃は値上がりしにくい状況にあります。理由は簡単で、住居を借りるのは一般人で、一般人の給料が上がっていないからです。賃上げする企業も増えていますが、社会保険料は上がっており、手取りは家賃を上げられるほどには増えていません。

逆に、商業系は物価と同じように家賃（賃料）も上がる性質があり、物価上昇とともに賃料の値上がりが期待できます。

地域にもよりますが、以上のことから**基本的には商業系の方が有利と言えます**。

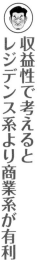

もう1つ、重要なのが、商業系では原状回復費の負担が軽減できることです。

原状回復費とは、入居者が退去する際に入居前の状況に建物を回復させる費用です。**レジデンス系の原状回復は基本的にオーナーがやらなければなりません**。入居者が負担すべき原状回復費は、故意で壁に穴をあけた、床を傷つけたなど、故意や不注意によるもので、経年劣化によるものはオーナーの負担です。

対して**商業系では、原状回復のほとんどを入居者が行います**。

商業系では、壁、天井、柱の構造体（スケルトン）の状態で引き渡すのが普通で、内装は入居者が入居者の負担で行います。退去する際は元のスケルトンの状態に戻してもらうため、貸主が壁紙などの内装について修繕する必要がありません。エアコンも、建物の造作ということで入れ替えてもらえることもあります。

レジデンス系では原状回復費も見込んでおかなければなりませんが、商業系なら、その必要性が低いというわけです。当然、収益性にも影響します。

一方で、商業系はレジデンス系以上に立地にシビアです。

利便性、人通りなど、ビジネスに適した立地でなければ入居者が決まらない、賃料を下げなければならない、などのリスクがありますから注意が必要です。

単身者向けかファミリー向けか、さあどっち？

とはいえ、レジデンス系ではいけないというわけではありません。

レジデンス系は商業系よりも立地の範囲が広がりますし、物件の数も多いため、商業系より物件の選択肢が広がります。

また**レジデンス系のチャームポイントは、最低レベルが保証されていること**です。

日本人の給料は上がっていないものの、下がってもいません。おおよそ5～6万円が家賃の最低水準となっており、家賃5～6万円で、よほどひどい物件でなければ、経済的に余裕がない人、ご高齢の人、海外の人など、誰かしらが借りてくれる可能性が高いと言えます。

日本では給与がほとんど変わっていないため、不景気になったからといって、5万円の部屋が2万5000円にはなりませんし、好景気になったからって5万円の部屋が10万円にはなっていません。よくも悪くもキャッシュフローの予測が立ちやすいと言えます。

単身者向けより ファミリー向けがおすすめ

レジデンス系では単身者向けの物件がいいか、ファミリー向けの物件がいいかも考えどころですが、基本的に入居の継続率が高いのはファミリータイプです。ファミリーはお子さんの幼稚園や学校の関係、近所にママ友がいるなどの理由で転居を好まないのに対し、単身者は転勤や結婚、飽きたなど、いろいろな理由で引っ越すからです。

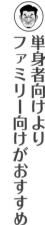

前述のようにレジデンス系では原状回復費の貸主負担が大きいですし、一定期間は空室になるため、賃料収入が途絶える期間ができてしまいます。そのため、**単身向けよりファミリータイプの物件の方が、収益性は期待できる**と考えられます。

大学の近くにワンルームを建てれば空室が出ない、という話を耳にすることが多いですが、これは神話、都市伝説です。**実は学生は大学の近くに住みたがりません**。なぜなら、大学の友達が集まる溜まり場になってしまうからです。

また大学を卒業すれば退去することが多いため、回転率が高くて有利、なども言われますが、回転率が高い方が有利だったのは、昔の話です。昔は入居時に「礼金」がもらえました。礼金2カ月分を受け取れば収益となり、回転率が高ければそれが頻繁に入ってきます。しかし、今は礼金ゼロの物件がほとんどなのです。

むしろ、退去の都度、原状回復費がかかる、一定期間、空室になり、なおかつ次の入居者が決まる際には管理会社に仲介手数料を支払う必要がある、入居者探しが難航することもあるなど、デメリットがたくさんあります。**回転率が高いことより、定着率が高い方が収益性は高くなりやすい**のです。

ワンルームを中心に
レジデンス系は供給過剰気味

レジデンス系はワンルームを中心に供給過剰、借り手不足が続いています。

諸説ありますが、コロナ禍以降、オンライン授業やリモートワークが広がり、実家が遠くても学生や新卒社員が部屋を借りなくなったこと、また外国人労働者も来なくなったことなど、さまざまなネガティブな要因があります。

供給が需要を上回ると空室に悩むオーナーが増え、入居者獲得合戦の様相になります。具体的には、貸主が不動産会社に特別な宣伝費（お小遣い）を付け、入居者を探してもらうのです。

入居者募集のためのチラシの一番下に、一部、一般の人には見えないよう隠されている部分があり、そこにお礼の内容が記載されています。AD(Advertisement＝不動産会社への非公式なお礼）と言って、現金や商品券など内容はさまざまです。少し前までは、かなりひどい築古の物件にしかつかなかったのですが、**最近では新築でもADが付くことがあり、相当な借り手不足であることが分かります**。言うまでもありませんが、ADを負担するのはオーナーです。

物件をどう探すか

地元の不動産会社に物件依頼しておく

「東京18区・RC造（鉄筋コンクリート造）の中古ビル一棟買い」がいい理由を述べてきましたが、問題もあります。

買う側の条件に合い、収益性が高い物件が多くはないことです。

なぜ物件が少ないかというと、儲かる物件を手放す人は多くないからです。

オーナーが死亡したことで相続が発生した、別の事業が失敗して資金が必要など、何かしら事情がないと儲かる物件が売りに出されることは多くないのです。

インターネットの不動産投資専門サイトで収益物件を探す人もいますが、一定の注意が必要です。

あるサイトには、そこにしか掲載されていない「未公開物件」の情報がありますが、これは不動産会社に、「このサイトを通じて売却すれば高く売れます」と言って営業し、集めた物件のようです。「未公開物件」と言われると、貴重な情報に見えますが、実は高い価格が設定されている可能性が高いのです。

では投資価値のある物件の情報はどうすれば入ってくるのか。**お勧めの1つは、地元で長く営業している不動産会社に声をかけておくこと**です。

高齢の方が営んでいるような古い不動産会社は、外から見ると、「営業しているのかな？」と感じるようなこともあります。しかし仕事の量を抑えていたとしても、何十年と営業を続けているからには、経験が蓄積されていますし、それなりの地場の人脈も持っているものです。

オーナーが高齢になって収益物件を維持するのが負担になった、相続する人がいない、相続税が支払えない、などで、地元のご高齢の方から、「私、これ売ろうと思うのよ」といった話が、年に数回は入ってきます。そうした物件が、地元の不動産会社を通じて、相場より安く売り出されるなどの例もあります。こぢんまりした個人商店のような不動産会社に転がり込んでくる物件は、いい物件であることが少なくないのです。

その、**「年に何回か入ってくるいい案件」を紹介してもらえるかどうかが重要**で、そのためにも、日頃から不動産会社と仲良くなっておくことが大切です。

まずは地元の不動産会社を訪ねてみましょう。

挨拶は、「不動産投資をしたいと思っており、地元の物件を探しています。もしいい物件があったらご紹介いただきたいと思い、ご挨拶がてら伺いました」でＯＫです。**「お口に合えば……」と言って、ちょっとしたお菓子を持っていきます**。

そのあとも、定期的に挨拶に行きましょう。

最初は煙たがれるかも知れませんが、人と違うことをすると印象に残り、覚えてもらえますし、出かけた先のお土産など持っていけば、ささやかなものでも悪い気はしないはずです。

全国チェーン店よりは、地元の人が営んでいるような不動産会社の方が、いい情報がくると思います。

賃貸専門不動産会社にも情報は集まる

その不動産屋さんがどういうことをやっている不動産屋さんか、賃貸の仲介をしているようだけれど売買も扱っているか、投資案件を扱っているか分からないという場合は聞いたらいいですし、店先に貼ってある図面をみるのもいい方法です。

ただし、賃貸しかやってない会社に面白い売買物件が来ないかと言えば、そんなことはありません。たとえば、その不動産会社が管理している物件があって、そのオーナーが死亡した場合などは、親族から売却の相談が持ち込まれることもあるのです。賃貸だから売買情報がない、売買だから賃貸情報がないということはなく、不動産会社である限り、いい情報が転がり込んでくることはあるのです。

こう言ってはなんですが、いい物件に巡り合うのは、宝くじに当たるようなものです。誰もが見ているようなインターネットの情報を見ていても、掘り出し物など、出てこない。掘り出し物を買いたいのであれば、人がやらないことをやるべきです。

レインズで見つかるのは3カ月に1件

安くていい物件は基本、口コミで情報が入ってくることが多いですが、「レインズ」（REINS＝Real Estate Information Network Systems）でもいい物件が見つかることがあります。

レインズとは、国土交通大臣から指定された不動産流通機構が運営する、物件情報をまとめたコンピューターネットワークシステムです。会員となっている不動産会社は、レインズに物件情報を登録し、買いたい人や借りたい人を探すことができます。閲覧できるのは、不動産会社のみです。

当社にも、レインズ専任の担当者がおり、東京都の3日以内に登録された物件という条件で、中古一棟ものを検索しています。朝から夕方まで、毎日、おびただしい数の物件をチェックするのです。

何日にもわたって登録されている物件もありますし、東京都下・最寄駅から徒歩20分の物件など、さまざまな物件があります。

担当者が一定の条件を満たす物件をピックアップし、私がさらにチェックして、これはと思うものをお客様にご紹介します。

ちなみに1500件の情報があるとすると、約半数はすでに見たことのある情報で、残りの新しい情報から、担当者のフィルターを通るのは20件程度。私がお客様に紹介できると思うのは、3カ月に1件程度です。

非常に少ない。ですからスピードも必要です。

その日の朝にはじめて情報が出て、昼に気がつき、夕方にはもう売れている、ということもあります。

たとえば、ごくたまにですが、ご高齢の方が地元の小さな不動産会社に売却を依頼した物件が、信じられないような価格で登録されているなどのケースがあります。

実例では、港区南麻布に資産家のご婦人が1人で住んでいた豪邸が6億5000万円で取引されていた例があります。相場では8億円以上の物件です。

すぐにお客様（Cさん）に紹介し、即決で買われましたが、2年後に事業でお金が必要になって売却されました。売却価格は8億円です。

多くはありませんが、そうした例もあるのです。

アホ物件はいっぱいある

売れ残っている物件も少なくありません。

魅力がないから売れ残っているわけですが、そうした物件を料理して売る会社もあります。どう料理するかというと、融資を付けるのです。

とにかく不動産投資をしたいと思っているけれど自己資金がないという人にとって、ローンが借りられるのはとても魅力的に見えます。どんな物件でも賃料収入が入ってくると信じている人には、またとないチャンスと思うでしょう。そうして売れ残っている物件（皆が選択肢から外している収益性のない物件）を買ってしまうのです。

そうした売り方をする業者も、融資を付ける銀行も、罪は重いと思います。

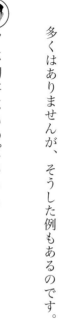

第4章

収益性と出口戦略

～いい物件は即断即決～

物件のチェックポイント

これぞ！の物件が出たら即断即決できるか

「いい物件」の数は少ないですが、物件自体はたくさんあります。東京都内は星の数よりもたくさんの物件があるのではないかと思うほどです。地平線までビルが並んでいるのは、おそらく世界でも東京ぐらいではないでしょうか。

では、星の数より多いかも知れない物件の中から、収益性が高い物件はどう探せばいいのでしょうか。

物件を知るうえで参考になるのが、**物件の所在地や規模などが記載された「物件概要書」**です。価格、建築年、土地や建物の面積、建物の構造なども記載されています。

しかし、いい物件には、物件概要書がないことも珍しくありません。概要書を作るまでもなく、売れてしまうからです。

たとえば人気住宅地で17～18億円の土地が売り出されたことがあります。

資料は測量図だけで、回答期限は1週間でした。

22億円ほどの価値がある物件で、大手ハウスメーカーは通常1カ月かかる稟議を早め、なんとか1週間で結論を出す、などと言っていました。私も地方在住の個人投資家Dさんに話すと、翌日には「今、現地を見てきたよ」などとおっしゃいます。それくらいのスピード感で動く物件もあるのです。

これは極端な例ですが、**いい物件ほどとんでもなく足が早く、綺麗な図面、綺麗な写真、整った資料を準備するまでもなく、売れてしまう**のです。言い方を換えれば、いい物件は、そうした状態で売買の判断をしなければ誰かに取られてしまうのです。

いい物件には競合がたくさんいますから、素早い判断が求められます。

物件概要書の例

物件概要書

令和5年6月30日

名称	銀座滝島一棟ビル
価格	560,000,000円
交通	地下鉄銀座線「銀座駅」、地下鉄日比谷線「銀座駅」徒歩5分

土地概要

所在地	住居表示	中央区銀座一丁目○番○号
	地番	中央区銀座一丁目○番地1、2、3、12、16、20
敷地面積	登記簿	152.77㎡
	実測	152.77㎡
地目	宅地	
用途地域	商業地域	
建ペイ率・容積率	80%・700㎡	
権利形態	所有権	
道路	北西側12m、南西側5m、北東側3m	

建物概要

構造・規模	鉄筋コンクリート造陸屋根8階建て
延べ床面積	1003.40㎡
専有面積	
種別・戸数	事務所、ゲストハウス、店舗
竣工	平成3年12月
現状	賃貸中

備考

満室年間想定賃料	35,640,000円（消費税込み）			
想定利回り	6.34%			
現状年間賃料	31,680,000円（消費税込み）			
現状表面利回り	5.65%			
引渡日	相談（賃貸管理契約引継ぎ必須）			
固定資産評価額	土地	7,7941,690円	建物	124,789,900円
検査済証	有			
その他	防火地域、日影規制無し、高度地区無し、景観法、駐車場整備地区、日本橋問屋街地区計画 令和5年度固都税額（相当額）2,810,421円			

不動産会社の経験を借りよう

十分な情報がなく、詳細を調べ切る時間もなく購入を判断をする。そのためには、ある程度リスクが取れるとか、見極めるポイントを熟知しているなどの知識も必要です。しかし不動産投資の経験が浅い人が、プロの投資家や仕事として物件を探している不動産会社に先んじるのは困難です。**一番いいのは、「いい不動産会社（あるいは営業マン）に出会うこと」**であり、信頼できる不動産会社に味方になってもらうのが現実的な戦略です。

本来、不動産会社は自身の知識と経験を活かして不動産投資のキュレーターとなり、物件を見極める責任があります。

物件をあらゆる角度からチェックし、「私が見た限りは大丈夫です、どうしますか？」というお話をするわけです。私は、「私が見た限り、いい物件です。お客様が見送られるようなら、別のお客様にご紹介しますし、どなたも買わなければ私が買います。そういう物件です」というお話をさせていただいてます。

それくらいの確信がなければご紹介しない、ということです。

そのような不動産会社と繋がること、自身でも基本的な知識を得て、不動産会社と話せるくらいになること、そして判断できることが必要です。

自分なら住むか、の視点で物件を見極める

物件の詳細なチェックは必要ですが、まず必要となるのは、「地の利がある」ということ、そして、「あなたならこの物件に入居するか」という感覚です。

お店を営む人であっても、住む人であっても、賃貸物件を借りるのはほとんどが「一般の個人」です。検討している物件に空き部屋があったら、部屋を見て、その物件に魅力を感じるか、自問自答してみましょう。中古物件なら賃料が分かっているので、その賃料で借りたいか、5年後、10年後も入居しているか、を考えてみるのです。

そこに住む人は、普通の人であり、**あなたが住みたいと思うか、賃料を高いと感じるか安いと感じるかが重要**なのです。

あなたが「ちょっと高い」と思う物件は入居者がつきにくいですし、「家賃が少し下がれば5年後も10年後でも住みたい」と思えば、空室にはなりにくいと言えます。

不動産投資は、実は当たり前のロジックで成り立っています。

新築から中古になれば賃料は下がるし、物件は長持ちした方がいいし、自分が借りたい物件なら他の誰かも借りたいのです。

なぜかその当たり前のことを考えない人が多いのが問題です。ワンルーム投資で大きな損を抱えている人は、冷静さを欠いてしまい、「ちょっと考えたら分かるでしょう？」ということを考えていない人が実に多いのです。

物件をチェックする際も、「自分なら」という視点を忘れないでください。

物件を紹介されたらチェックすべきこと

物件を紹介されたら、もちろん、現地と周辺環境、物件は見るべきです。当たり前、と思うかも知れませんが、**驚くことに自分が買ったワンルームがどこに建っているか詳しく知らない、という人は少なくありません**。

商業系であれば人通りがあるかどうかや、最寄り駅の乗降者数も確認します。人が歩いているだけでなく、買い物をしているかも重要です。人通りは多くても、素通りするだけで誰もお金を使わない商店街もあります。そういうところはテナントがつきにくいので、要注意です。

レジデンス系では最寄駅からの現地までを歩き、利便性や安全面などをチェックします。昼と夜では様子も異なりますので、商業系、レジデンス系とも、昼夜両方確認します。

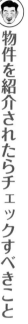

即決だけど現地は見る

即決しなければいけないものの現地を見る、というのは矛盾するようでもありますが、やはり必須です。

私はお客様に対し、「いい物件があったら突然連絡します。その時には、有休をとって翌日の朝イチで現地を見ないとたぶん買えません。そのスピード感です」とお話ししています。**情報は突然入ってくるから、すぐ行動、即決、が必要**なのです。

情報を得た際、私が現地を確認してからお客様に紹介するのが基本ですが、スピードが求められる場合は、先にお客様に連絡し、一緒に見に行くこともあります。

物件と重要事項説明などのとくに重要なチェックポイントを挙げます。

【道路付け】

重要性の高いチェックポイントに、道路付けがあります。

日本の土地は道路に紐づいています。敷地が何メートルの道路に接しているかによって、土地の価値も、建てられる建造物の高さすらも変わってしまうのです。

接している道路が公道なのか私道なのかも重要です。私道の場合、個人が道路を所有していますから、水道管を直す際なども所有者の承認を受けなければならない可能性がありますし、場合によっては「私道負担」といって、通行するためのお金がかかったりする場合もあります。所有者の許可が得られずに再建築できないといったケースもあるのです。

道路の種類は物件情報に記載されているので、公道か私道か、何メートル接しているか（何メートル接道か）を確認しましょう。

【屋上と外壁の状態】

屋上がある物件なら屋上防水は必ずチェックし、メンテナンスの状況や建物が傷んでいないかを確認します。屋上防水はとても重要で、屋上防水が不十分な場合、メンテナンスに200～300万円かかることがあります。不動産会社が確認すれば、（普通は）屋上防水が切れていないかは分かるはずです。

外壁も重要です。外壁がボコボコしている、タイルが浮いているなどの状態では、タイルが落ちて、通行人にケガなどさせるリスクがあります。外壁補修が必要となり、数百万円がかかります。明るい時間帯に確認しましょう。

【エレベーター】

エレベーターは多くの場合、17年という耐用年数を超えて使用しますが、30年程度で交換部品が廃番になるなどするためユニットを入れ替えなければなりません。

ユニットはおおよそ800～1000万円ぐらいで、入れ替え作業には1カ月程度を要します。1カ月間エレベーターが使えないとなると、場合によっては入居中のテナントに売上の保障などもしなければならず、大きな負担となります。

エレベーターが付いている物件であれば、エレベーターの保守点検記録が必ずあり、どの部品をいつ交換したか、修繕の記録も残っています。まずはその内容を確認し、さらに保守点検会社に連絡します。

「長期保全計画はどうなっていますか？」などと尋ねると、「部品が生産中止になっているので、5年後には100%入れ替えです」などと答えてくれますし、予算についても、「安くて800万円です」などと教えてくれます。

いつ、どの程度の費用がかかるかを踏まえて購入を検討するべきですし、それをもとに価格交渉するのも手です。「2年後に800万円かかるのですね」と言って、交渉するのです。エビデンスがあれば、単純に値下げ交渉するより説得力があります。

ただし、それもスピードとの兼ね合いが重要です。そうこうしている間に他の誰かに買われてしまう可能性があることを念頭に置きましょう。

【近隣にモンスターがいないか】

隣近所にどんな店、どんな人が入居しているかも調べます。**近隣に問題のある店や人が入居していると、物件の価値が下がってしまうこともある**からです。

ある有名な商店街はとても賑やかだったのですが、たった1人のモンスターによって壊滅しました。ベランダに置いた七輪で毎日、自分の排泄物を焼くのです。やがて住む人もいなくなり、テナントも空き、一帯の不動産は価値が下がりました。避けようがありませんが、殺人事件などが起きるのもマイナスの影響を受けます。ただし、一時的なものですし、都心ほど影響は小さいようです。

【日当たりや近隣との位置関係】

日当たりはいい方がよいと思いますが、収益物件では、持ち家に比べるとそこまで大きくは影響しません。窓を開けると数十センチ先に隣家の窓がある、という方が、気になるポイントです。

【違法建築ではないか】

違法建築でないことを知るのは簡単です。

建築確認済書と検査済証の2つがあれば問題ありません。

建築確認を出さないと建物は建てられないので、基本的には必ず存在します。建築確認がない建物は未登記物件で、かなり昔に大工さんが自分で造った家などです。

百歩譲って竣工図はなくてもいいですが、**「検査済証」は絶対に必要**です。検査済証は建物が完成したあと、役所の人が建物を確認し、図面通り建っていることを証明した証です。**検査済証がないと、建築確認を取って建てたものの勝手に改造している可能性がある、と考えられてしまうことがあり、物件価格が下がる可能性があります**。検査済証を出した、という記録が役所に残っているので、取り寄せてもらうのが望ましいでしょう。

とはいえ、検査済証がない物件は買わない方がいいということもなく、それを加味しても、キャッシュフローを生み出せるかどうかを検討すればよく、黒字が見込まれるなら投資してもいいでしょう。

【大規模修繕履歴】

もう1つは**大規模修繕履歴**です。

大規模修繕履歴とは、新築時から現在までに行ってきた大規模な修繕の履歴を記録したものです。必要に応じてメンテナンスをしてきたかが分かります。

【越境していないか】

家屋の一部や、ブロック塀、樹木の枝葉、旧排水管やガス管などの所有物が隣地に侵入していることを**「越境」**と言います。

隣地からの越境がある場合、その内容について説明を受けます。

越境にもいろいろありますが、民法が改正され、木の枝などが越境している場合は勝手に切っていいことになっています。近年、問題になることが多いのは、パラボラアンテナで、建築するためのクレーンが当たる可能性があるので、パラボラアンテナが越境している場合は重要事項説明書に記載されます。

室外機が越境しているのもよくあるケースですし、給排水の管が越境しているなど、細々と記載されます。**現況で支障がないか、また建て直す時に直すといった覚え書きが取れているかどうかも確認します**。

告知義務により、越境について隣近所とトラブルがある場合はその旨、説明されることになっています。

敷地を分ける塀についても注意が必要で、境界線が塀の内側、外側、壁の中心にある、などのパターンがあります。修繕の関係もあるので、どちらの所有かを明らかにしておく必要があります。古い塀では、倒れた場合の責任なども関係します。

【重要事項説明書と売買契約書】

購入することを決めると、ローンを申し込み、不動産会社や売主から物件や契約についての説明を受ける「重要事項説明」、次いで「売買契約」と進んでいきます。

重要事項説明では、重要事項説明書が交付されるので、しっかり、隅々まで読んでください。専門用語が多いので、分かったふりをせず、遠慮なく質問します。**不動産会社に依頼して、事前に書類をもらって目を通しておくのもいい方法**です。

特に重要なのは、前述した「道路付け」や「越境」、また「ライフラインがどうやって入っているか」（ガス、水道の本管がどこを通って自分の土地に引き込まれているか）も必ず確認してください。万が一ライフラインが他人の土地を通っていたら大問題。引き込みができないので建て替えができない可能性もあります。ほかに「特約事項」は重箱の隅をつつくように読む必要があります。

【ローン条項を確認】

ローン条項（ローン特約）も重要です。

ローンが組めなかった場合に売買契約を白紙解約にする、という特約です。

持ち家の購入では多くの場合、ローン条項が付きますが、収益物件の売買ではそうではありません。いい物件は早い者勝ちになることも多く、キャッシュで買いたいという人もいます。売主からすれば、ローン条項なしでも売れるなら、わざわざローン条項を付けて契約する必要などないからです。つまり、**ローン条項を付けるといい物件は買えない**、と思った方がいいでしょう。

「ローン条項を付けるのが無理なら銀行にローンの内諾を取ります」と言いたいところですが、銀行に打診して検討してもらう間に、「買い手がつきました。全額現金で」などとなってしまうことも珍しくありません。その意味でも、事前に金融機関巡りをし、いい物件が見つかったらいくら貸してくれるか、内諾を取っておいた方がいいわけです。

【売買契約の解約】

売買契約の解約には3つあります。**ローン条項による白紙解約、手付け解除による解約、違約による解約**です。ローン条項による解除では支払った手付金は全額返還されます。手付け解約というのは、定められた解約期間（2週間程度）の間は渡した手付金を放棄することによって契約を解除できるというものです。

違約は何らかの理由によって所有権の移転ができない（物件を明け渡せない）というもので、違約金が発生します。違約した側が、物件価格の10〜20％、売買価格1億円では1000〜2000万円を負担することになります。

違約はよほどのことがない限り生じないのが実際です。そもそも、予想できることは解約条件として特約事項に入れておくからです。たとえば入居しているテナントが出なければ買わない、という場合は白紙特約（停止条件）を付けるなどします。

あり得るのは、売買契約を進めている間に借金の担保として物件が押さえられてしまい、抵当権を抹消ができない（売れない）などです。そうした場合は、売主が買主に違約金を払って解約にすることがあります。

とくに重要

環境や物件、契約時のチェックポイント

環境のチェックポイント

〈商業系〉
- 最寄り駅の乗降者数や人通り
- 買い物をしている人がいるか
- 近隣に環境を害するモンスターがいないか

〈レジデンス系〉
- 最寄り駅から現地までの利便性や安全
- 近隣に環境を害するモンスターがいないか

物件のチェックポイント

□	**道路付け** 接している道路は公道か私道か。何メートル接しているか
□	**屋上の状態** 屋上防水（メンテナンスの状況）
□	**外壁の状態** ボコボコしていたり、タイルが浮いたりしていないか
□	**エレベーター** 保守点検記録を確認し、保守点検会社に長期保全計画や費用を聞く
□	**近隣にモンスターがいないか** 問題がある店や人が入居していると物件の価値が下がることも
□	**日当たりや隣家との距離** 日当たりは持ち家ほどは影響しない
□	**違法建築ではないか** 建築確認済書と検査済証はあるか
□	**大規模修繕履歴** 適切な修繕が行われてきたか
□	**越境していないか** 越境しているものがないか、トラブルが起きていないか、敷地を分ける塀の境界線も確認

重要事項説明と売買契約のチェックポイント

□	**重要事項説明書** 事前に貰って目を通しておく。分かったふりをしない
□	**ローン条項（ローン特約）** ローンがおりなかった場合、売買契約をペナルティなしで解約できるか
□	**売買契約の解約** どんな場合に、どんな条件で契約を解除できるか

買うかどうかの判断

最大の判断基準は「利益が出ること」

買うかどうかの判断基準は、ローンや経費を負担したあとのキャッシュフローがプラスになること、つまり利益が残ることです。

利益が出るかどうかを決めるのは、まず、どのくらいの家賃収入が見込めるかです。入居者がいる場合には、不動産会社から**「レントロール」**をもらいます。

レントロールとは、入居状況や家賃、契約期間などを表にしたものです（第6章参照）。いくらの家賃で入居しているかを見て、今後もその賃料が続くかどうかを見極めます。入居時期が早かった人の家賃が高く、最近入居した人の家賃が安い場合は、家賃が下がりそうな物件と推測できますので、すべての住戸が安い方の家賃になってもキャッシュフローが残るかを考える必要があります。

空き物件であれば、いくらなら入居者が決まるかを考え、想定した家賃でキャッシュフローが黒字なら、検討の価値があります。不動産屋さんが教えてくれるのが一番ですが、SUMOなどの不動産情報サイトを使えば自分でも周辺の家賃相場を調べることはできますから、そこから想定する方法もあります。

ただし、情報の妥当性には注意してください。

中には、**その物件を売却するために家賃を相場より高く設定しているケースもある**のです。その家賃を鵜呑《うの》みにすると、実際の適正な家賃はもっと低く、入居者が決まらない、家賃を下げざるを得ないなどで、想定したようなキャッシュフローが出ないということにもなりかねません。

逆に、大家さんも管理会社ものんびりしていて、家賃が相場より低い場合もあります。そうしたケースでは、うまくすれば家賃を上げられる可能性もあり、収益性を考えるうえでもプラスの要素になります。

出口戦略が立つかも重要

もう1つの重要な判断基準は、出口戦略が立つか、です。

出口とは、「将来、その物件をどう手仕舞うか」で、平たく言えば、ずっと持ち続けるか、いつか売るか（売れるか）、ということです。

売れるかどうかは、その物件が収益を生むかどうかにかかっています。収益が得られる物件なら不動産投資をしたい人が買ってくれるからです。

出口が見える物件なら買いですし、出口が見えなければ絶対に買ってはいけません。

もちろん、いくらで売れるかも重要です。

最も理想的なのは、買った時より高く売れる、つまりキャピタルゲイン（譲渡益）が出ることです。貸している間も利益が出て、なおかつキャピタルゲインも得られるのが最高のシナリオです。

次は、買った時と同じ価格で売れることです。その場合、キャッシュフローの部分は丸々、利益となります（税金や諸経費を除く）。投資である以上、買った時と同じ価格での売却は目指したいところです。

もしも、買った時より低い価格での売却となったとしても、保有中ずっとキャッシュフローが出ていて、その合計が値下がりした額より多い、というのであれば、出口戦略としては悪くないでしょう。

それができる物件はどんな物件なのか。実はその見極めは難しくありません。

ポイントは、**「5年後や10年後、自分だったら同じ値段でも買うか」**、もう1つ、「何年後か、建物は古くなっていても、ある程度家賃が下がっていれば入居したいと思うか」、です。

同じ値で買う人がいるかどうかは、その物件がそれ以降も収益を生み出せるかどうかで異なります。収益があれば買ってくれる人はいます。

物件価格が高すぎれば見送り決定

キャッシュフローが出るかどうかは、期待できる賃料から考えて物件価格が適切、または安い必要があります。価格が高すぎれば、いくら魅力のある物件でも収益は得にくくなります。

物件情報サイトでは、物件名（マンション名など）を入れて検索すると、参考価格や利回りが表示されます。そうした情報を参考にするのもいいでしょう。

また土地の評価額と建物の評価額を合計した「積算価格」も、物件が高すぎないかどうかを知るのに役立ちます。積算価格については第5章で解説します。

予算は1億円からと心得る

不動産価格は景気などによって変動しますが、現在の水準では、東京18区・RC造の中古ビル一棟買いの予算は最低1億円程度を考えるとよさそうです。ただ、欲を言えば参入障壁がより高い2億円からの方がいい物件に出合いやすいです。1億円程度だと現金で持っている方も多く、壮絶な争奪戦にもなります。

1億円の物件を買うには頭金が2000万円必要で、諸経費を含め、最低でも2500万円の自己資金が必要です。詳しくは第5章で述べますが、8000万円のローンを組むとなると、年収は最低でも500万円、できれば600万円ほどは必要です。

年収500万円の会社員の方が2500万円の資金を準備するのは簡単ではないと思いますが、資金を作る間に別の投資で利益を得る方法もありますし、物件価格が下がればもっと手が届きやすくなるとも考えられます。

第5章ではローンについて見ていきましょう。

第5章

ローンを知り、ローンに愛されよ

～借りられるのはどんな人か～

ローンの可否は返済能力と物件次第

収益物件購入のためのローンは借りにくい

不動産投資をするためにはローンを組む必要がありますが、会社員の方はローンを組むのがかなり難しい状況です。

理由の1つは、「かぼちゃの馬車事件」によって銀行が個人の不動産投資に関する融資を控えているからです。

かぼちゃの馬車とはサブリース契約付きで販売された女性専用のシェアハウス（かぼちゃの馬車）です。銀行が協力したことで資金不足の人も購入することができました。しかし事業者が施工会社から莫大なキックバックを受けて不当に高額な価格で販売したこともあって、家賃が高く、空室率が上昇。サブリース事業者が家賃保証を続けられなくなって経営破綻したのです。家賃保証もない、入居者もいないということで購入者はローン返済が困難となり、自己破産する人が続出しました。

そのほかにも、いくつかの銀行が不動産投資に対する無秩序な融資を行い、国から注意を受けました。その結果、多くの銀行が融資に消極的になり、会社員などは不動産投資のための融資は非常に受けにくくなってしまったのです。

たとえば国から注意を受けた、ある地銀と信用金庫では、取引のない個人には融資しないことを明言しています。メガバンクからはもともと借入は難しく、信金でも現在はほとんどローンを組めない状況です。

借入先の候補になるのは、ワンルームマンションのローン付けをしているなど不動産融資に積極的なごく一部の銀行や、不動産担保ローンとして融資する信用金庫と考えられます。**不動産担保ローンとは、返済能力などは考慮せず、物件の価値だけをみて融資するもので、金利も高めになります**。

ほかには、地方銀行などにも一部、借入可能なところがありそうです。また物件を仲介する不動産会社が提携している銀行に融資を申し込む手もあります。

なんらかの方法で融資を受けることは可能ですが、相当厳しいということを念頭に置きましょう。

当たり前だが、借りやすいのは返済能力がある人

身も蓋もありませんが、収入が多い、資産がたくさんあるなど、返済能力が高い人は融資が受けやすく、頭金が少なくても融資が受けられる可能性があります。年収も高くて貯金もある人、つまり**資金力がある人ほど融資をしてくれる**のです。

具体的に融資を受けやすいのは、基本的には資産家や経営者、地主さんです。一番は地主さんで、銀行によっては、地主さんによる収益物件の建て替え、または新築の案件のみ個人の方には融資する、と明言している例もあります。

職業として手堅いのは公務員の方ですが、職種によっては副業が規制、制限されていることもあるようで、投資をあきらめている方もいます。ただ、申告をすれば可能となるケースもあるようですので、確認してみるといいでしょう。

誰もが知っているような大手・上場企業にお勤めのサラリーマンの方、医師、弁護士、税理士などの士業で独立開業している方も有利と考えられます。

まずは自己資金を準備するのが大前提

前述のように融資の受けやすさは社会情勢や経済環境にも影響されます。

時期によっては、非常に融資が受けやすく、物件価格と同額まで借りられる、つまり頭金なしで買えるケースもありました。

しかし頭金なしでは返済負担も重いですし、金利負担もかさむという観点からも、**物件価格と同額を借りる「フルローン」は避けたい**ところです（実際には資金のある方が「フルローン」を組むのはまた別の話です）。

原則的には頭金20％と購入時の経費を加え、物件価格の25％は用意し、残りを借り入れます。そのくらいの自己資金がなければ、融資は受けにくい、受けられない、と思うのが無難です。

資金も多くない、年収も特別高くはない、でも借りたい、という場合は、追加抵当を入れることで融資が可能になることもあります。融資を受ける際は購入する物件を担保にしますが、所有するほかの不動産を追加の担保とするのです。私も保有するビルを追加抵当にして、別の資金を借り入れたことがあります。

相続で引き継いだ、抵当権が付いていないアパートやマンションなどがあればそれを、あるいは親が承諾してくれれば実家を抵当に入れるという選択肢もあるかも知れません。

購入物件の収益性も加味される

収益物件を購入するためのローンは、一般的に「不動産融資」「アパートローン」などと言います。不動産投資を事業として行っている法人に対するローンは「プロパーローン」とも言われます。

いずれも、住宅ローンや自身が使用する別荘の購入などで利用できるセカンドハウスローンとは内容が異なります。

住宅ローンは基本的にその人の年収、つまり返済能力で審査を行いますが、**不動産融資では、購入する物件の収益性も加味されます。これを収益還元と言います**。

なお中古物件を購入する際には修繕が必要な場合もありますが、そうした場合、修繕費用を一緒に借りることも可能です。

年収＋収益性で融資額が決まる

投資案件は同じものが1つとしてなく、案件ごとに稟議を出し、個別に審査されます。借入が難しいものの、絶対に借りられないわけではありません。重要なのは、**購入しようとしている物件がしっかり収益を生む物件かどうか**、です。

審査にかかる日数は、融資額によって異なります。銀行にもよりますが、8000万円以下は支店長決裁のようで、早ければ数日で結果が出ます。それ以上は本部決裁となり2週間程度、地方の信用金庫では1カ月かかるとも言われます。

金融機関は、家賃収入と、ローンの返済、管理費、固定資産税や修繕費の見込み額などを考慮し、返済が滞る心配がないかを審査します。金融機関が「収益を生む物件」とみなせば、返済はできると判断され、借入が可能となるわけです。

もしも年収だけで審査すると、返済額が収入の3分の1程度に収まる範囲でしか借りることができません。年収600万円・月収50万円なら、毎月返済額が15~20万円に収まる範囲です。たとえば金利2%、20年返済の場合、毎月返済額15万円の範囲で借りられるのは約3000万円です。

頭金を2割程度用意しても購入できるのは4000万円程度の物件となり、収益物件の相場から考えると選択肢が狭い、厳しいというのが実際のところです。収益性が審査の要素に加わらないと、そもそも収益物件の購入は難しいのです。

ここに収益還元という要素が加われば、借りられる額は多くなります。つまり、融資を受ける観点からも、収益性の高い物件を選択する必要がある、というわけです。

金融機関が融資してくれる物件であれば、ある程度、成功が見込める物件とも言えますし、逆に銀行の審査を通らない物件なら買わない方がいいとも考えられます。

物件の価値を示す積算価格も重要

金融機関がもう1つ重視するのが、「積算価格」です。

積算価格とは、購入する物件の評価額のようなもので、担保価値がどの程度あるかを見定めるためのものです。

融資を受ける際には物件を担保にし、万が一、返済ができなくなった場合には物件を差し出すことになります。そのため、購入しようとする物件にどのくらいの価値があるかを確認するのです。

物件の積算価格は、土地の評価額と建物の評価額の合計です。

土地の評価額は、持ち主に通知されている「固定資産税評価証明」を見ればよく、売主か不動産会社に聞けば分かります。

建物は、再調達原価から築年数を減価して求めます。

再調達原価とは、今同じものを建てる場合に必要な額です。実際の建物は築年数が経っているので、そこから一定額を引いて計算します。

再調達原価は建物の構造によって異なります。金額には明確な決まりがなく、金融機関では、独自に定めた単価で計算するようです。たとえば1㎡あたり30万円・建物の延床面積100㎡とすると、再調達原価は3000万円です。

ここから耐用年数に応じた減価をします。耐用年数（法定耐用年数）がベースとなり、**「再調達原価×経過年数÷耐用年数」が減価額**です。再調達原価3000万円・築15年・RC造（耐用年数47年）では、「再調達原価3000万円×経過年数15年÷耐用年数47年」となり、減価額は957万円です。再調達原価3000万円から減価額957万円を引いた約2040万円が建物の積算価格となります。

ちなみに、私は建設会社に再調達原価を見積もってもらうことがありますが、実際にかかる費用に比べ、金融機関の再調達原価は低めに設定されている可能性があります。融資額に関係するため、厳しくみるものと考えられます。

その人自身の返済能力、収益性、積算価格、いずれかで判断するのではなく、この3つの要素を見て、総合的に審査されるというわけです。

評価額は「お買い得か」の指標にもなる

評価証明に書かれている評価額は、その物件の価格が適正かどうかを知るためにも重要です。評価額とは固定資産税や不動産取得税算出の基準となる数値です。

たとえば、評価額1億円の物件が2億円で売られていると、評価額の2倍で取引されていることになります。さて、お買い得でしょうか？　それとも割高でしょうか？

正解は、「エリアによって判断が分かれる」です。

時期にもよるのですが、**東京18区では、評価額の3倍、場合によってはさらに高い水準で取引されており、1・5倍、2倍であればお買い得に見えます**。私なら、「即買い」です。

これが東京郊外・最寄駅から徒歩20分超などのエリアでは、評価額と同水準の価格で取引されています。評価額の2倍なら、明らかに割高です。
地方では状況が大きく変わり、評価額より低価格で取引されている例もあります。評価額に対して取引価格がどの程度か、そのエリアの相場と比較し、買いかどうかを判断するわけです。

評価額が記載される評価証明は基本的に不動産地権者かその代理人しか取得できないので、勝手に取ることはできませんが、媒介を受けている不動産会社は必ず把握しているので（場合によっては図面に書いてある）、聞いてみてください。評価額と売出価格を比較し、お買い得かどうかを検討してみましょう。

返済期間は物件の構造や築年数で決まる

もう1つ重要な要素が、返済期間です。
不動産融資の返済期間は、建物の構造と築年数によって異なります。

積算価格の計算方法と「お買い得か」の見極め方

積算価格＝土地の評価額＋建物の評価額

担保価値を見極める目安

土地の評価額……固定資産税評価証明

売主か不動産会社に聞けば分かる

建物の評価額……「再調達原価」から、「築年数」などに応じた額を減価

●再調達原価

今、同じものを建てる場合に必要な額

金額に明確な決まりはない。
金融機関が独自に定めた単価などで計算。
実際より少し厳しめ

●築年数などに応じて減価する額

経過年数と建物の法定耐用年数から計算

例／建物の再調達原価3000万円・RC造（法定耐用年数47年）・築15年の場合
再調達原価3000万円×経過年数15年÷法定耐用年数47年＝減価額957万円
再調達原価3000万円－減価額957万円＝建物の評価額2043万円

固定資産税評価証明には
土地、建物を合計した
評価額（積算価格とは異なる）が記載されています。
東京18区では評価額の3倍、
場合によってはそれ以上で取引されており、
1.5倍、2倍などで売り出されていたら
お買い得の可能性が高いです

前述のとおり、建物には税務上の耐用年数があり、木造は22年、軽量鉄骨は27年、重量鉄骨は34年、鉄筋コンクリート造（RC造）は47年です。この耐用年数から築年数を引いた年数が、最長の返済期間です。

たとえばRC造・築20年の建物を購入するのであれば、返済期間は最長で27年（47年－20年）です。

ただ、その人の状況や銀行の取引状況、物件、また銀行にもよりますが、RC造については耐用年数を超えた年数で借りられることもあります。それは建物の耐久性が高いと考えられているからです。

返済期間が短くなるほど毎月返済額が多くなりますから、借入可能額も少なくなり、返済期間が長ければ毎月返済額が抑えられ、借入可能額は多くなります。

金利は返済能力があるほど低利

収益物件購入時のローンは、住宅ローンより金利は高くなります。

特徴は、借りる人の属性によって異なり、かなり幅があることです。

基本的に不動産融資は金利2％以上がほとんどですが（2023年夏現在）、**資産が多い人では1％以下で借りられる例もあります**。

逆に資産が多くなく、銀行とも取引がない場合では、3〜4％台になることも珍しくありません。

資産家は別として、初めて不動産投資する人、取引先の銀行以外で借りる人は、いい金利で借りるのは難しく、むしろ、借りられるだけでもいいと思った方がいいでしょう。

不動産投資のための資金を2％台で借りられるのは、かなり低い水準です。私はマレーシアやフィリピンでも仕事をしていますが、両国では住宅ローンが6％程度（2023年現在）で、**不動産投資用ローンが2〜3％という日本の金利は破格**です。日本も高度成長期には住宅ローンの金利が8％ほどでした。

ちなみにフィリピンのマイカーローンは20％ですが、それでも車の販売は好調です。経済が伸びている証左です。

必要な自己資金と戻入可能額の考え方

自己資金

●頭　金……**20%**
●諸費用……**5〜7%**
└ 物件価格の25%必要（1億円なら2500万円）

ローン……融資額が決まる要素

毎月の返済可能額

●年収から判断……**返済額が年収の1/3程度に収まる範囲まで**
●収益還元……**家賃収入からいくら返せるか**

やはり物件選びが大切

返済期間

●基本……**耐用年数の残りの年数**
（例）ＲＣ造　築20年なら47年－20年＝27年など

ＲＣ造では長めに借りられることもある

積算価格

●物件の担保価値

参考）借入額100万円あたりの毎月返済額

	25年	30年	35年
金利　1%	3766円	3214円	2821円
2%	4231円	3690円	3307円
3%	4730円	4206円	3939円

（借入可能額の目安）
毎月返済額÷借入額100万円あたりの毎月返済額×100
月30万円、30年返済では、金利1%で約9300万円
2%で約8100万円

変動金利に上昇の可能性が出た

ローンは変動金利型で借りる方が多いですが、**金利上昇が見込まれる時期には固定金利型を検討するのもいい**と思います。低金利時に固定型で借りておけば、低金利のメリットが完済時まで続きますし、金利上昇によって返済額が増えることを心配しなくて済みます。返済額が一定なら、先々の収支が計算しやすいという利点もあります。

投資用ワンルームの業者をはじめ、住宅を売りたい不動産会社の中には、「固定型と変動型は金利決定の仕組みが異なるので、固定型が上がっても、変動型は上がりません」などと説明しているところもあります。しかし変動金利が上がらない保証など、どこにもありません。

特に変動金利は金融政策の影響を受けやすく、日本銀行の金融政策いかんでは、ある程度上昇することも考えておく必要があります。

誰も知らない、未払い利息のリスク

変動金利型には、「未払い利息」というリスクがあります。

ごく一部の金融機関を除き、変動金利型には、返済額を25%までしか増やさないというルールがあります。

たとえば毎月の返済が10万円で、金利上昇によって13万円になるとしても、最大で12万5000円（10万円の25%増）までしか上がりません。負担が抑えられていいようにみえますが、大間違い。返済した額からはまず利息が引かれ、残りが元金の返済に回るため、金利が上がれば元金の返済に回る分が少なくなります。つまり、**普通に返済していても、元金が減るペースが鈍ってしまう**のです。

返済額が25%増になるだけでもかなりのダメージですが、そのうえ元金が減りにくくなる。さらに金利の上がり方によっては残債がまったく減らない可能性もありますし、最悪の場合、利息さえ払いきれない（未払い利息が発生する）可能性もあります。

もし未払い利息が発生すると、返済期間終了時に、残りの元金と未払い利息を一括で返済するように請求されます。

これは住宅ローンも同じです。

住宅ローンを返済中の方でも、ほとんどがこのルールを知りません。銀行から毎年、償還予定表が送付され、そこにローンの残債額が記載されていますが、見ていない人も多いようです。

日本では、長い間金利が上がらなかったので、知らなくても問題ありませんでしたが、これからはそうもいかなくなりそうです。**変動型のリスクをしっかり理解し、変動型と固定型のどちらを選ぶか、慎重に検討する必要があります。**

また金利が上がれば返済額が増え、借入可能額にも影響すると考えられます。

ローンを借りるために、銀行巡りのススメ

魅力ある物件に出合った時にしっかりと融資を受けるには、収入を増やす、資金を増やす、無理な借入をして信用（クレジット）に傷をつけない、などが大切です。そしてもう1つしておきたいのが、**金融機関巡り**です。

金融機関の数は多く、街を歩いていると聞いたこともない銀行や信用組合、信用金庫がたくさんあります。たとえば、お風呂屋さんにしか融資をしない信用組合（東浴信用組合・千代田区）もあり、「実家が銭湯を経営していて古くからご縁があったので、そこでお金を借りて収益物件を買った」という人もいます。

メガバンクは一見《いちげん》の客が不動産融資を受けるのは難しいですが、半面、組織が大きいこともあり、支店によって空気が異なるケースもあります。東京23区内と都下とでは様子が違い、Eさんは**「新宿支店ではNGだったものの、立川支店に申し込んだら**

OKだった」そうです。

不動産会社も取引のある銀行を紹介してくれますが、それ以外のところにどれだけ相談してくれるかは未知数です。自分が借りられる金融機関はどこなのか、金融機関巡りをして、貸してくれる金融機関を開拓するのがおすすめです。

外回りの営業を仕事にする人でもない限り、突然、金融機関に行って話をするのは躊躇しそうですが、門前払いされることなどもなく、きちんと対応してもらえます。**信用金庫や信用組合、地方銀行など、見つけたらくまなくアタックしてみるのもいいでしょう**。私のお客様の中には、毎週、銀行巡りをしている人もいます。

自身の勤務先や年収などを話し、「不動産投資をしたいと思っており、現在、物件を探しています」と話し、「いい物件が見つかった場合、融資していただけますか」と聞いてみるのです。営業エリアの物件に限っている金融機関と、それ以外でも可能な金融機関がありますので、居住地や物件を探しているエリアも伝えます。

「そのエリアでは取り扱いしておりません」と回答されたら、100％無理です。「場合によってはお手伝いできるかもしれませんが……」というのもだいぶ難しい。

金融機関で話すべきこと。こんな反応なら脈あり？

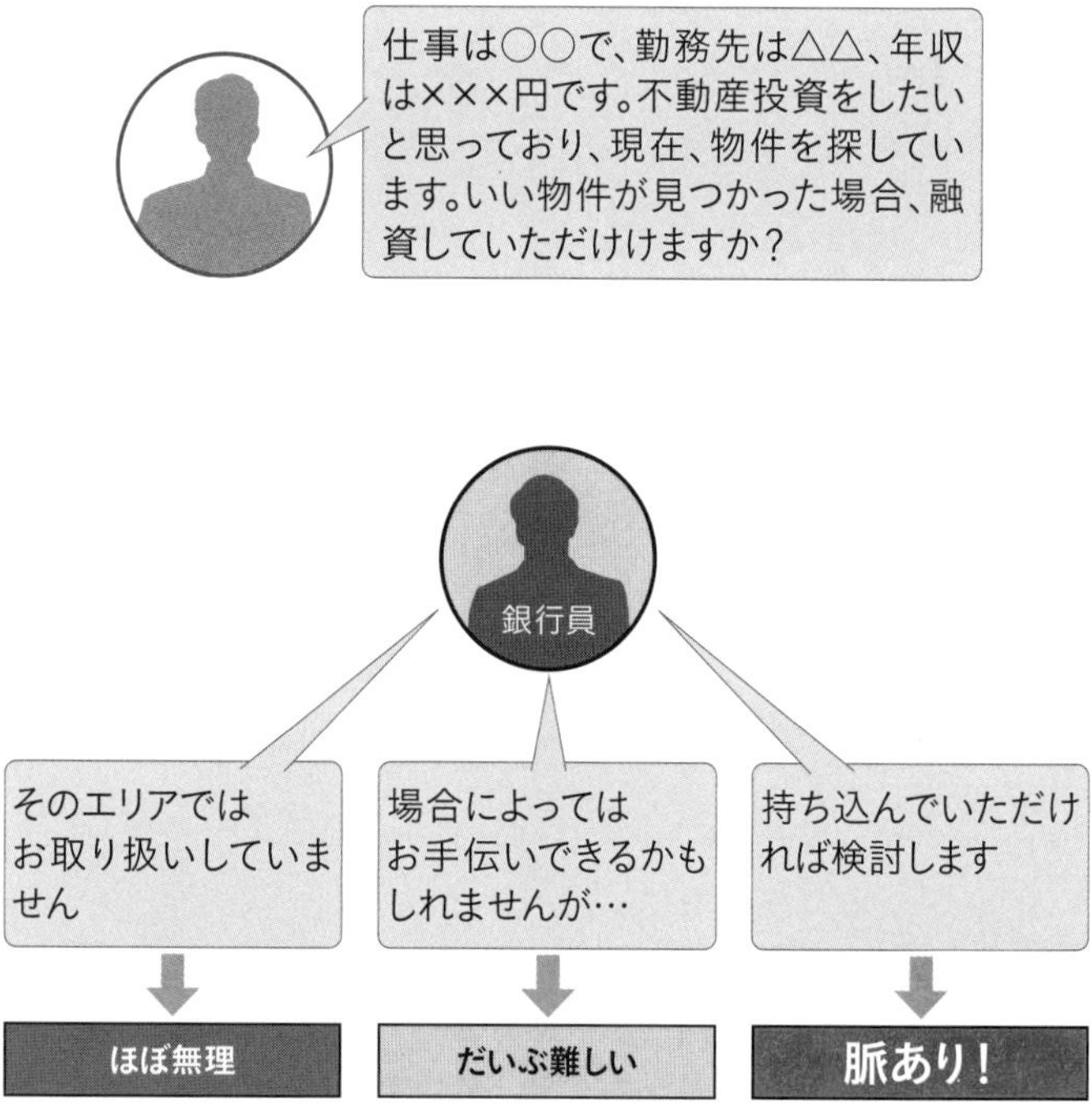
仕事は○○で、勤務先は△△、年収は×××円です。不動産投資をしたいと思っており、現在、物件を探しています。いい物件が見つかった場合、融資していただけますか？
銀行員
そのエリアではお取り扱いしていません
場合によってはお手伝いできるかもしれませんが…
持ち込んでいただければ検討します
ほぼ無理
だいぶ難しい
脈あり！

POINT！

- 地元の金融機関をあたってみる
- メガバンクでは支店によって対応が異なることも
- 資産家の親のメインバンクは有力な候補
- 銀行が物件を紹介してくれる可能性も

「持ち込んでいただければ検討します」と答えてくれた場合は脈あり、でしょう。

融資の対象は金融機関によってさまざま

Fさんは東京都内の物件を買うために、地方の信用金庫で融資を受けました。ご本人は東京在住なのですが、経営する会社の所在地を自身の出身地である某県にして地元の信用金庫と取引しており、支店長とも親しい。その関係で、東京の物件にも融資を付けてくれて、金利は1％台です。

東海エリアのある地方銀行は東京都内の不動産投資案件に積極的に融資してくれる、という例もあります。

地方の土地を買うために、地場の地方銀行の東京支店に確認したところ、「当行は地元の方が東京の物件を買うための銀行でございますので、その逆はやっておりません」と言われた例もあります。

金融機関によって方針が異なるので、自身の足で見つけたいところです。自分で金融機関を探して、仲良くなり、そこで融資を組む。**金融機関巡りがうまい人は資産を築くのも上手**です。

親が資産家という人は、代々お付き合いのある金融機関が有望です。

金融機関にも物件の情報がある

金融機関巡りをすることによって、物件の情報が得られる場合があります。

金融機関にはいろんな人から、さまざまな相談が持ち込まれます。中には相続税が払えないから不動産を売ろうと思う、といった話も来るわけです。その金融機関経由で、表に出ていない、いい物件の情報が得られる可能性もあります。

信託銀行だけでなく、普通の銀行にも情報は届きます。

ただし、銀行が持ってくる話にも良し悪しがあり、必ずしも収益性が高い物件とは限りません。銀行としては、売却によって関連不動産会社が仲介手数料を得て、融資を行って金利収入を稼げればいいからです。

第6章

収支計算の A to Z

～家賃下落や甘くない空室率で考える～

利回りの計算

表面利回りと実質利回り

不動産投資で得られる収益の大きさは、「表面利回り（グロス利回り）」や、「実質利回り（ネット利回り）」で表します。

表面利回りは年間の家賃を物件価格で割った数値、実質利回りはそこに経費や空室率も加味したものです。

表面利回りは、「年間家賃÷物件価格×100」で計算されます。

年間家賃が100万円、物件価格が2000万円の場合、100÷2000×100で、利回りは5%です。

広告などに表示されている利回りは、多くの場合、表面利回りです。

実質利回りは年間家賃から諸経費や空室率などを引き、その額を物件価格で割って計算されます。

言うまでもありませんが、賃貸経営では、建物を修繕したり、空調などの設備を交換したり、室内のクリーニング、入居者募集など、さまざまな経費がかかります。こうした経費を含めて考えなければ、実際にいくら利益が出るのか分かりませんし、表面利回りはプラスでも実際は赤字といったことにもなりかねません。**収益について考えるには実質利回りを計算することが重要**です。

実質利回りの計算法

実質利回りは、**「(年間家賃－年間経費－空室損失費)÷(物件価格＋購入時の諸経費」**で計算されます。

年間経費や空室損失費はどのくらいになるのか、明確に分かるものではありませんが、おおよその費用を見込んで計算します。

年間経費に含まれるのは、固定資産税や都市計画税、修繕費、維持管理費、不動産会社に支払う手数料、原状回復費、入居者を募集するための費用、火災保険料や地震保険料です。

金額は物件によって異なりますが、算出は可能なので必ず事前に調べましょう。ここでは12％（優良物件なので、固定資産税7％・その他経費5％）と仮定します。

空室率はエリアにもよりますが、**レジデンス系では10％程度を見込むのが普通**です。10％というのは、1年を100％とした場合に10％の期間、空室になる、という想定です。利回りを計算する際には年間収入に空室率を掛けた額を用います。

1億円の物件で表面利回り6％だとすると年間家賃収入は600万円です。年間収入600万円×空室率10％との想定なら、空室損失費60万円です。

年間収入から年間経費と空室損失費を差し引いた額を、純収益と言います。

購入時の諸費用には、仲介手数料やローン借入の費用、登記費用などが含まれます。

表面利回りと実質利回り

表面利回り＝年間収入÷物件価格×100

実質利回り＝（年間家賃－年間経費－空室損失費）／（物件価格＋購入時の諸経費）

年間経費

- 固定資産税・都市計画税
- 修繕費
- 維持管理費
- 不動産会社に支払う手数料
- 原状回復費
- 入居者募集の費用
- 火災保険料・地震保険料

── 物件により異なるが、優良物件の場合で物件価格の12%程度など

空室損失費

- 住居系では空室率10%程度を見込む
（1年の10%の期間、空室になる、という想定）

購入時の諸費用

- 仲介手数料
- ローン借入の費用
- 登記費用
- 修繕費（購入時に行う場合）

── 物件により異なるが、物件価格の5～7%程度など

購入と同時に修繕する場合は、その費用も含めます。購入後、半年程度が経過すると、不動産取得税の通知が来ますが、これは計算には入れません。

金額の目安は価格の5～7％で、ここに修繕費を加えます。

物件価格1億円で、年間家賃600万円、年間経費12％（72万円）、空室率10％（空室損失費60万円）の場合、純収益は「600万円－72万円－60万円」で468万円です。購入時の諸経費を5％（500万円）とすると、「468万円÷（1億円＋500万円）×100」で、実質利回りは4・46％と計算できます。

仮に1億円のフルローンを組んだ場合（年利2％・35年返済）、年間の返済額は約400万円となり、手残りはたった68万円です。

さらに所得税、住民税も払わなくてはなりません。返済額のうち、経費とみなされるのは利子部分の112万円（元金均等法）のみで、これに減価償却費（建物5000万円・RCと仮定）約110万円を加えると課税所得は（468万円－112万円－110万円）で246万円となり、住民税と合わせ税率25％の人なら61・5万円です。手残りが68万円なのにです！

利回りとキャッシュフローの計算例

設定条件:物件価格1億円・年間家賃600万円・年間経費12%(72万円)・空室率10%(60万円)・購入時の諸経費5%(500万円)・ローン返済400万円(合計借入額1億円・金利2%・35年返済)

利回りは?

表面利回り=年間家賃600万円÷物件価格1億円×100=6%

実質利回り=(年間家賃600万円-年間経費72万円-空室損失費60万円)/(物件価格1億円+購入時の諸経費500万円)×100=4.46%

キャッシュフローは?

●純利益は?

年間家賃600万円-年間経費72万円-空室損失費60万円=純利益468万円

●ローンを払って手元に残るお金は?

純利益468万円-400万円=68万円

●所得税・住民税は?(合わせて25%の場合)

(純利益468万円-ローンの利子部分112万円-減価償却費110万円)×税率25%=61.5万円

●税引き後、手元に残るお金〈キャッシュフロー〉は?

68万円-61.5万円=6.5万円

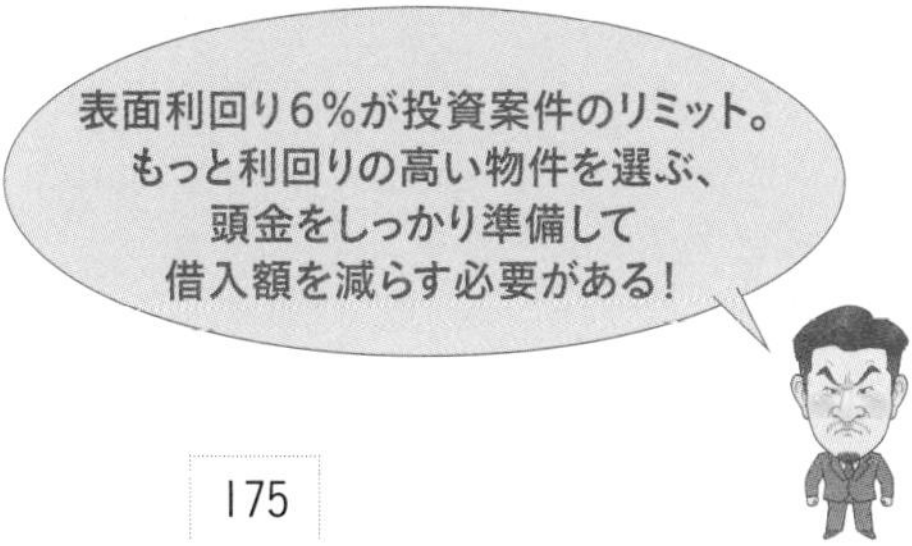
表面利回り6%が投資案件のリミット。
もっと利回りの高い物件を選ぶ、
頭金をしっかり準備して
借入額を減らす必要がある!

私は「表面利回り6％が投資案件のリミット」と口酸っぱく言っていますが、その意味をご理解いただけたでしょうか？

頭金を仮に20％入れれば、金利負担が減り状態はやや改善されます。

1年目は経費が多くて利益が出ない

ちなみに、収益物件を買った最初の年は、経費の支出が多く、利益を得た気分にはなりません。特に大きいのは、忘れた頃（購入から半年程度あとなど）にやってくる「不動産取得税」で、「これでは何のために買ったのか分からない」とか、「騙されたに違いない」などと思う人も少なくないようです。私も、自分で買ってみて「ちょっと……」と思いました。

たしかに1年目は手元にほとんど収益が残りませんが、2年目からは（物件が悪くない限り）収益が入ってきます。

家賃が下がれば利回りも下がる、これ当然

修繕費や空室率などはあくまで仮定であり、実際の利回りとは異なることがあります。また年間収入についても、家賃下落の可能性があることを念頭に置く必要があります。

多くの物件、特にレジデンス系では年数を経るごとに家賃は下がっていくのが普通ですから、現時点の家賃で利回りを計算しても、家賃が下がれば想定した利回りが得られなくなるわけです。

不動産会社では表面利回りに加えて実質利回りをシミュレーションしてくれますが、買わせるためのシミュレーションであり、**家賃について甘く見込んでいる場合があります**。

中古物件で入居者がいる物件の場合、不動産会社は金融機関に融資を申し込む際に

必要な「レントロール」を作成します。レントロールとは、入居状況や家賃、契約期間などを表にしたものです。たとえば5年前に入居したAさんの家賃が8万円、2年前に入居したBさんの家賃が7万5000円の場合、現時点では両者の合計が年間の家賃収入になりますが、**Aさんが退去したら、次の入居者募集の際にはBさんの家賃をベースにするのが普通**です。そうしたことも踏まえて利回りを計算しないと、「想定していたより利回りが低い」という事態になるわけです。

将来の家賃は周辺の築古物件が参考になる

10年後、20年後の家賃がいくらなのかを考えるのは実は簡単で、近隣で築20年、30年の物件の家賃を調べるといいでしょう。今の家賃が15万円だけれど、近隣で10年古い物件が10万円だとしたら、今後少しずつ下がり、10年後は10万円になっている、と予測できます。

ちなみに15万円から10万円ということは、10年で3割以上下がる可能性があるということです。決して珍しくない水準ですが、**3割、4割、家賃が下がるようでは、キャッシュフローがマイナスになる可能性が高い**といえます。こうした予測が立つ場合は、購入を考え直した方がいいということになりますし、もしくは、家賃が大幅に下がる前（キャッシュフローが出ている間）に売らなければなりません。

そのような見通しを立てて、購入を考える、あるいは出口戦略を考えるわけです。

賃金は伸びが小さく、社会保険料を引いたあとの手取りは減っているので、レジデンス系の家賃は下落傾向にあります。一方で、タワーマンションの家賃は上昇するなど、2極化の傾向がみられます。

対して事業用物件では家賃が上がっている物件もあります。事業用物件は、インフレ率に引っ張られるため、モノの値段が上がると事務所代も店舗代も上がる率が高いと言えます。

家賃は下がるが、下げ止まる

家賃は下がるとはいえ、下がり続けるわけではありません。ある程度のところまで来ると、下げ止まるのが普通です。

実は私が中古物件がいいと思っているのは、ここにも理由があります。

新築はプレミアが付いた価格であり、私の感覚では、新築から築15年ぐらいの間は下げが大きく、築15年を過ぎると極端には下がらないと言えます。

築20年を過ぎると、借りる人も築年数をさほど気にしなくなります。ある程度きれいにして相応の家賃を設定すれば、入居者に嫌がられることはありませんし、一棟買いなら自分の匙《さじ》加減で修繕もでき、古さを感じさせない工夫もできます。

つまり、**築15年を過ぎている物件であれば、家賃について家賃の下げ余地をあまり大きくみなくてもよい**、ということです。

東京都内であれば、レジデンス系、商業系とも、どんなに安くても坪単価8000

円を切ることは少なく、その辺を標準と考えるのもよさそうです。

むしろ、好立地の商業系ビルでは、家賃が上がることがあります。私が２０１１年に東京都渋谷区に買った商業系ビルも、当初、家賃23万円でしたが、12年後には38万円になっています。

空室率は10%が目安だが、ワンルームはそれ以上！

実質利回りを計算する場合にチェックしたいのが、空室率の水準です。

空室率は物件ごとに想定するのが望ましいですが、居住用では10%程度が普通で、10%を超えるようでは物件としての魅力は薄いと言えます。

しかし空室率が高いと実質利回りが低くなるため、不動産会社によっては空室率を低く想定することがあります。５%程度と想定されている場合は、やや楽観的かもしれません。

ワンルームで空室率10％で試算している例をみかけますが、ワンルームは10％では収まりません。単身者用の物件は、入居者の入れ替わりが激しいからです。すぐに次の入居者が決まったとしても、前入居者が退去したあと、原状回復が必要なため、1カ月程度は空室期間が出てしまいます。**出入りが激しいほど空室リスクは高くなる**のです。

ですから、最初の更新を迎える直前の2年弱で退去者が出てくるワンルームよりも、入居したら、お子さんが中学入学くらいまで住んでくれる2LDK等のファミリータイプ物件の方が空室率は低いのが普通です。

人口の増減を予測しよう

前述した「東京18区」といえども、長期的にみると人口は減ると予測されます。

第3章でも述べたように、賃貸の状況は楽観できる状況ではなく、不動産会社が積極的に客付けをしてくれるよう、ADを付ける物件が増えています。10年前は都内で

ADが付いている物件は魅力がない物件ばかりでした。しかし、今や魅力のある新築物件でも、ADが付く例が少なくありません。礼金はもはやほとんどの物件でゼロ、下手すると敷金もゼロという状況です。

ADが家賃2カ月などと高額な例も増えてきましたし、フリーレント（当初の一定期間、家賃が無料）の物件もあります。フリーレントにADも付いて、敷金・礼金ゼロ……。それでもなお、入居者探しに苦戦している大家さんが多いのです。ADには上限がありません。客付けに苦戦するほど多くなりますから、大家さんの持ち出しはどんどん増えていきます。

若者が減り、一人暮らし用のマンションに住む人が減る一方で、一人暮らし用のマンションはどんどん建っています。今後も供給過多で入居者が不足する状況は進むと考えられます。特にワンルームマンションは差別化がしにくいですから、築が新しいものが人気化し、**古い物件は家賃を下げる以外に対抗手段がありません**。

ワンルームに限らず、家賃を維持すれば空室率が上がり、家賃を下げれば利回りが下がります。

利回りを維持するには

管理はオーナーの仕事ではない

ここからは利回りを高くする、あるいは維持する方法について考えてみましょう。

まず管理ですが、大家さん自らが清掃やリフォームなどを行うケースもあります。

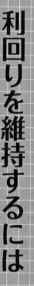

そうした作業が好きならいいのですが、そうでないなら、そこに時間をかける必要はありませんし、それをしてしまったら、そもそも不労所得ではなくなります。

修繕などもDIYしないと赤字になってしまうなどの場合は、そもそも不動産投資として失敗ですし、長期的に収益を得るのは困難です。

物件の近くに大家さんがいると入居者には歓迎されにくい傾向で、自分が買ったビルに住むことはお勧めしません。私も自分の管理物件に住んだことがありますが、家賃を滞納しがちな入居者などと会うのは、かなりストレスでした。入居者も、見張られているような気がするようです。

オーナーとして最上階に住もうとする人もいますが、最上階は最も高額な家賃が取れるところであり、自分で住んでしまえば機会損失になります。

ペット可は人気だが、問題も多い

築年数が経って入居者が入りにくくなった物件は、外国人可、ペット可、高齢者可、2人入居可など、条件を緩めていく傾向があります。現状、「外国人・ペット持ち・高齢者」が「三大借りにくい人」なので、そこに門戸を広げるわけです

ただし、分譲マンションなどでは管理規約がありますから、区分所有ではできることが限られます。たとえば物件全体でペットの飼育を禁止していれば、所有する住戸だけペット可で入居者を募集するなどは不可能です。

ペット可物件の需要は強く、**物件情報に「ペット応相談」と記載しただけで問い合わせが増えます**。しかし実際は難しいところです。住戸内の損傷が激しく、退去時に原状回復費をどちらが負担するかでトラブルになりやすいし、悪臭や鳴き声が問題となり、ペット不可の時に入居した隣室の人が退去してしまうなどのリスクもあります。

1戸の家賃を下げれば、ほかの部屋も下がるリスク

入居率が低くなったために、家賃を下げて入居者を募集するケースは少なくありません。その場合に問題となるのが、入居中の人の家賃です。**自分の部屋は10万円なのに、新しく入ってきた人の家賃は8万円となれば、家賃引き下げを求められることも考えられます**。そうしたリスクも踏まえて家賃を検討する必要があります。

また物件を購入する際にも、最近入居した部屋の家賃が低いといった場合には、先々、すべての住戸がその家賃になる可能性があると考えられます。その想定で利回りを計算した方がいいかもしれません。

物件を検討している段階で、そうしたことまで教えてくれる不動産会社は多くはないでしょう。リスクがあることが分かったら買ってもらえないと思えば、聞かれない限り話さないと考えても不思議ではありません。

ただそういう売り方はフェアではないので、私は「今はこの家賃ですが、一部、下がっている住戸もあり、全部下がる可能性もありますね」とお話ししています。

逆に、商業用のビルでは、「今はこの家賃ですが、周辺相場を考えれば家賃を上げられる可能性があり、私は買いだと思います」とお話しするケースもあります。

家賃の値上げなど、収益性を高める発想や着眼点があるかどうかは、不動産会社の経験や力量にもよります。不動産会社の人は実際に投資物件を持っていない、買わない人も多いので、実際のところが分からない人も多いでしょう。

「あなたはどう思いますか?」「僕は不動産を持っていないから分かりません」、「あなたなら買います?」「分からないです。経験がないので」といった具合です。

やはり、ある程度自分でも知識を持っておく必要があるでしょう。

家賃を上げるパターンもある

逆に、大家さんも管理会社ものんびりしていて、家賃が異様に安い物件、あるいは、魅力があるのに空室が出ている物件も存在します。

そうした物件は、買う側から見ると、チャンスがある物件です。しっかりと入居者を募集し、適切な家賃を設定すれば、従前よりも利回りを高めることができます。

新しい入居者の家賃を高く設定できたら、入居中の人の家賃を上げることも不可能ではありません。

「他の入居者の方の家賃は10万円です。あなたは7万5000円なので10万円にできますか」「嫌ですか。では間を取って8万5000円でどうですか」などと交渉すると、納得してもらいやすくなります。

裁判や調停になってもお金がかかるだけですし、同じマンションで家賃10万円というエビデンスがあるから基本的には主張が通ると思います。

それができたら家賃収入が増え、利回りも高くなりますし、買った値段よりも高く売れる可能性が出てきます。

私がYouTubeでワンルーム投資を批判しているため、私を敵対視するワンルーム会社の人たちから、「あの会社は賃貸屋ですからね」などと言われることがあります。賃貸のキャッシュフローが物件価格を決めるのですから、むしろ**賃貸の相場観やノウハウがない会社は投資案件を勧めてはいけない**。それが私の持論です。

表面利回り６％が絶対条件

表面利回りは最低６％必要

基本的に不動産は表面利回りが６％ぐらいないと、キャッシュフローがプラスになりません。これが大原則です。

ローンを組んで購入する場合、表面利回りが６％で、実質利回りが２〜３％というのが、普通程度と考えられます。

実質利回り２〜３％というのは、経費やいずれ生じる修繕や空室率を考慮しても手元に物件価格の２〜３％程度の収益が残るということです。それくらいは死守したいですし、せめてこれぐらいはないと、投資する意味がありません。

そして、実質利回り２〜３％を確保するには、表面利回り６％程度は必要、ということです。

表面利回り6％以下では買ってはいけないと発言したら、「そんな物件があったら見てみたい、買ってみたいよ」などと囃《はや》し立てたYouTuberがいましたが、私は遠回しに「価格が高くて思うような利回りにならない。買う時期ではない」と言っているのです。**物件がないのなら、買ってはいけない**のです。

東京都内では表面利回り3～4％の物件が多いと言えます。

新築のワンルーム物件を表面利回り3％で買うということは、修繕費などをしっかり含めたら実質利回りはほとんどゼロに近いということでしょう。家賃が下がれば赤字になる可能性も高いです。

大金持ちの知り合いが半額で売ってくれる。資産が十分にあるのでいくらでもいいから処分したい。そうした理由で、奇跡的にいい物件に出合えることがあります。そうした場合は買いなのですが、いい物件に出合えないからといって、目についた物件を買う、というのは間違いです。

価格が上がるのなら別ですが、そうでなければ、キャッシュフローを生まない物件を買っても意味がありません。**表面利回り6%を切るような物件は、買ってはいけない**のです。

儲かる物件は売りやすい

キャッシュフローが回っているということは、出口戦略を考えるうえでも重要なポイントになります。なぜなら、**キャッシュフローが出ている物件＝収益が得られる物件**であり、収益が得られる物件なら買い手がいるからです。

キャッシュフローが出ない物件を買う人はいませんから、どうしても買ってもらおうと思えばキャッシュフローが出る程度まで価格を下げなければなりません。買い手が納得するような価格まで下げれば売却できるかもしれませんが、損が出る可能性もあるでしょう。「持っていて損する物件は、売っても損する物件」というわけです。

またローンを返済中なら、売ってもローンを返しきれない可能性もあります。

キャッシュフロー（賃貸での収益）とキャピタルゲイン（売却益）は連動しているのです。

銀行を信じてはいけない

キャッシュフローがマイナスになることがあるということは、融資を行う銀行の審査が甘いからかもしれません。

キャッシュフローがマイナスになれば銀行にも貸し倒れリスクが生じるため、査定は厳格にしているはずです。それでも、赤字になってしまうことがあるのですから、融資が下りたから大丈夫とは思わず、自己責任で判断する必要があることを肝に銘じたいところです。

最低のパターンはどんな状況か、そうなったとしても大丈夫かを考える。大丈夫なことをある程度確信するべきで、物件価格は下がらない「だろう」ではなく、下がる

「かもしれない」という想定をすることが大切です。車の運転と同じです。

出口戦略「最高を夢見て、最低を覚悟する」

賃貸経営をしている間の収益に加えて、もう1つ重要なのが、将来、その物件をどうするかの「出口戦略」で、購入する段階で出口戦略が立つかを考えるべきです。

不動産投資において大事なのは、**「最高を夢見て、最低を覚悟する」**ことです。

最高というのは、「家賃は下がらない、空室もほとんどないままローンを完済。物件価格も下がっておらず、売却すれば購入時の金額が手に入る」という展開です。

逆に最低というのは、家賃も半分、物件価格も半分に下がったなど、極端に状況がよくない展開です。

そんな最低な展開になっても生活に支障が出ないようにするのが、「最低を覚悟する」ということです。

価格が下がっても損しないように投資する

●設定条件

1億円の物件を

頭金2000万円、諸経費500万円で購入

30年間、キャッシュフローはプラス

➡ローンや年間経費、修繕費は
家賃からはらうことができた(手出しなし)
収益も得られた

30年後

売　却

●負担したお金

頭金……………………	**2000万円**
購入時の諸経費……	**500万円**
売却時の諸経費……	**500万円**
	3000万円

●売却で得たお金 …… **5000万円**

➡30年間の賃貸による収益に加え、売却より2000万円の利益
(※税金を考慮せず)

表面利回り6%・
キャッシュフローが黒字なら
価格が下がっても損しない

たとえばGさんは1億円の物件を頭金2000万円で購入し、キャッシュフローはプラスを維持し続けました。しかし、ローンが終わった30年後、価格は5000万円まで値下がりしていました。

価格が半額では投資として失敗のようにも見えますが、そんなことはありません。ローンや経費を払ったうえでキャッシュフローがプラスだったのですから、毎月純利益が出ていたことになります。Gさんが負担したのは頭金2000万円と購入時と売却時の諸経費1000万円（仮。合計10％と想定）の計3000万円です。Gさんは3000万円の投資によって、30年間の純利益と、売却代金の5000万円を得たことになるわけです（税金を考慮せず）。

キャッシュフローが黒字であれば、価格が半値に下がっても損はしないのです。

しかし、Gさんが頭金ゼロでローンを組んでもっと多くの額を返済し、キャッシュフローが赤字でさらに物件に競争力がなく家賃が暴落、空室率も高いなどの悪条件が重なったりすればどうなるでしょう。価格が半値になると大損、という可能性もあります。ローンを返しきれず、売るに売れない、別にお金を用意しなければならない、場合によっては自己破産かもしれません。

価格の上昇は期待しにくく、価格は下がると想定するのが現実的です。そして、「最低を確保」するためにも、利回り6％は死守するべきでしょう。

想定を超えたブラックスワンも想定に入れる

最低を確保しても、世の中には想定外のことが起こります。

コロナ禍もそうです。せいぜい2、3カ月、長くて半年だろうと思っていたのに、2年、3年と影響が続き、テナントが退去して苦戦する物件も目立ちました。誰も予想しなかった困難が舞い降りてくる、「ブラックスワンがやってきた」ような状況に見舞われる可能性にも備えておきたいところです。

たとえば年間家賃1000万円の物件を3000万円・利回り3％で買ったとします。

しかし景気が後退すると利回りが10％程度でないと売ることができず、1000万円くらいまで値下げしなければなりません（100万円÷1000万円×100＝10％）。

そうなるとローンを返しきれない可能性が高いですから、持ち続けざるを得ない場合もあります。そのうえ不景気で家賃も下げなければならず、利回りはさらに下がります。退去者が出れば入居者を募集しなければなりませんが、不景気で空室率が高くなっていますから、入居者獲得のためにADが必要になるかもしれません。

最悪の事態でも生きられるか

こういう話をすると、「不安を煽《あお》っている」などと言う人もいますが、投資物件の仲介という業務をする以上、リスクを説明するのは重要な仕事です。**最悪の事態に陥っても大丈夫（生活に支障がない）という人でなければ、不動産投資は勧められないし、そういう人でなければ買ってはいけない**のです。最悪どうなるかを説明するのは当たり前です。

株式投資では、証拠金を入れると、その何倍もの資金を投資したのと同じ成果が得られる信用取引という投資手法がありますが、一定以上の投資経験がある人でなければ取引ができません。期待できるリターンが大きい代わりにリスクも大きいため、相応な知識と経験が必要とされるのです。

不動産投資は1000万円単位の借金をして行うものなのに、いともたやすく投資する人がいるし、知識や経験も問われない。そしてそれを守る法律もありません。

いくら慎重に考えても考えすぎと言うことはないのです。

失敗したら、損切りするしかない

キャッシュフローがマイナスで、なおかつ将来性がない物件を、表面利回り4％台、3％台で買ってしまったという場合は売却するしかありません。たとえ、それを勧めてきた業者がどんなにいいことを言ったとしても、です。

表面利回り3〜4％台とは、得られる家賃収入に対して価格が高い、価格が高いわりに家賃収入が低い、ということであり、相当危険な水準です。

3〜4％台は、好景気が続く台湾や中国沿岸部の実態に匹敵する利回りです。

ご存知のとおり、台湾や中国沿岸部と日本とでは経済の発展度合いが大きく異なります。この20年間GDPがほとんど伸びていない国の不動産が、10年で5倍、10倍になる国の不動産と同じ価値であるというのは、どう考えてもおかしい数字です。

これはアベノミクスと、コロナバブルによって溢《あふ》れたお金が、不動産と株に流れた結果です。

繰り返しますが、物件価格の上昇を期待するのは難しく、キャッシュフローがマイナスになれば多くの場合、損失が広がるだけです。

さらに、金利上昇などをきっかけに不動産市場が崩れ始め、万が一、2011年当時まで景気後退するようなことがあれば、表面利回りが10％程度になるまでに価格を下げなければ売却できません。そうなれば数百万円の補填では済みません。

そうなる可能性が無きにしも非ずという状況ですから、そうならないうちに売った方がいい。価格が上がると思うケース以外は、損切りが合理的な判断だと思います。

要注意！ 値下がりしても売れば税金がかかる

出口戦略を考えるうえで、売却時の税金についてもおさえておきましょう。

というのも、収益物件の場合、特に売却時の税負担については誤解が多く、驚かれる方が多いからです。

Hさんは2億3000万円で購入した物件を2億円で売却することにしました。その物件を買うために組んだローンの残債が1億5000万円残っています。手元に残るのは差し引き5000万円。Hさんは、買った時より安く売るのだから税金はかからないと思っていました。

しかしそうではありません。

売却にかかる税金は、203頁の図のような計算式で計算されます。

売却価格から、物件の取得費や売買にかかった費用（仲介手数料や印紙税、測量費など）を引いた額が「譲渡所得」となり、それに対して税金がかかります。

誤解されやすいのは物件の取得費です。物件を取得した時の価格と思いがちですが、**ここで言う取得費は、「減価償却後の帳簿価格」**です。

Hさん所有の物件は、2億3000万円で購入しましたが、減価償却により、帳簿価格は1億5000万円となっています。

したがって、売却価格2億円から、取得費1億5000万円と取得時、売却時の費用を引いた額が譲渡所得となるのです。

取得時、売却時にかかった費用を2000万円と仮定すると、取得時の価格で計算するなら「2億円－2億3000万円－2000万円」で譲渡所得はマイナスですが、減価償却後の帳簿価格で計算すると、「2億円－1億5000万円－2000万円」で譲渡所得は3000万円です。

3000万円に対して税金がかかり、個人なら所有期間が5年以下では所得税と住民税を合わせて39・63％、5年超では同20・315％、法人なら35％となります。売

売却にかかる税金の計算方法

譲渡所得の計算式

譲渡所得＝収入金額－取 得 費－譲渡費用

- 収入金額 → 売却金額
- 取得費 → 購入金額と諸経費
- 譲渡費用 → 売却時の諸経費

●**取得費**

建物の購入代金から築年数に応じた減価償却費相当額を差し引く

●**譲渡費用**

仲介手数料、印紙税、建物の解体費用や測量費など

所得税と住民税は?

税額＝譲渡所得×税率

●**税率**

売却した年の1月1日時点でその物件を所有していた期間が5年以下

39.6%（所得税30%＋復興特別所得税0.63%＋住民税9%）

売却した年の1月1日時点でその物件を所有していた期間が5年超

20.315%（所得税15%＋復興特別所得税0.315%＋住民税5%）

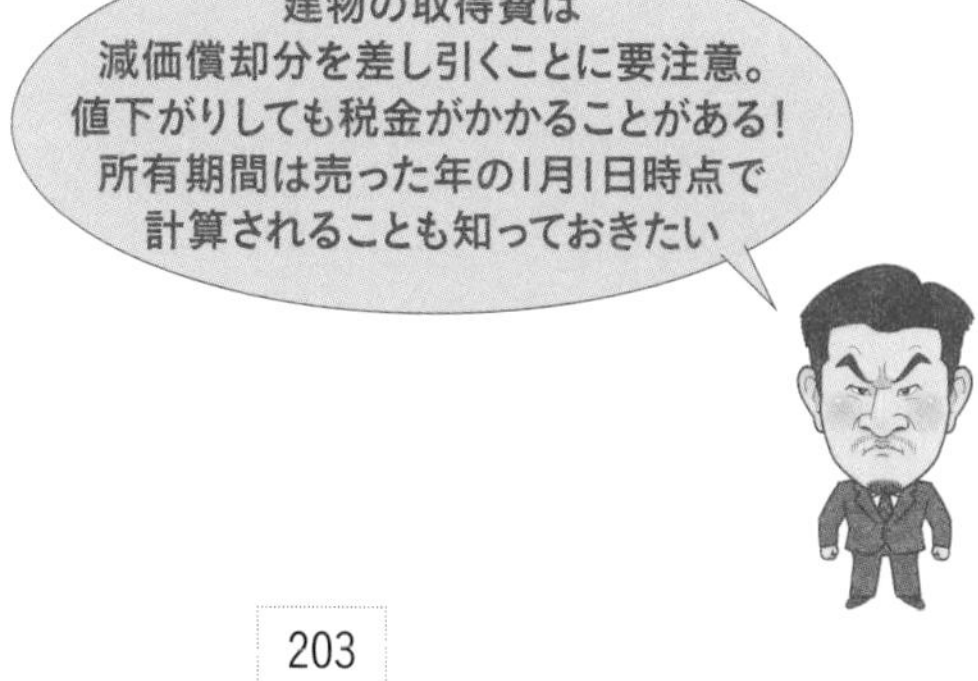
建物の取得費は
減価償却分を差し引くことに要注意。
値下がりしても税金がかかることがある!
所有期間は売った年の1月1日時点で
計算されることも知っておきたい

却した年の1月1日時点での所有期間で判断されることにも注意が必要です。
Hさんは所有期間が5年以下のため、税額は約1189万円です。
買った時より安く売っても、1200万円近い税金がかかるわけです。

減価償却によって家賃収入に対する税金は抑えられますが、減価償却で建物の簿価が減額されたことにより、売却時の税負担が重くなる。つまり、減価償却による節税効果は実質的には税の繰り延べでしかないのです。

買った時の価格ではなく、簿価がベースになることはしっかり覚えておかなければなりません。

Hさんは売却代金2億円からローン残債の1億5000万円、売却時の手数料1000万円、税金を約1200万円払っても2800万円程度が残りましたが、頭金が少ない（ローンが多い）場合には、売却代金からローンや諸経費、税金が払いきれず、自己資金から出さなければならないケースもあります。

頭金不足での購入では、そうしたリスクも抱えることになるのです。

第7章

成功する不動産投資のロードマップ

～リスクを取るか、機を待つか～

リスクを取って手が届く投資をする

いい物件を、なるべく早く買いたい

最初の物件が大事であることも分かった。中古の一棟買いで、できればＲＣ構造がいいことも分かった。しかし資金不足、ローンが借りにくい、物件も少ないなどで、今すぐには難しいという場合はどうすればいいのでしょうか。

手が届かないからといってワンルーム投資など収益性がない物件を買ってしまえばマイナスを背負うことになり、未来を閉ざすことにもなりかねません。**絶対に、焦って安易な投資をしないでください**。

繰り返しになりますが、不動産投資においては、特に最初はいい物件を買うことが重要です。

しかし、70歳でもいい、というわけにはいきません。矛盾するようですが、「なるべく早く買うこと」も重要なのです。早く買えば買うほど収益を得られる期間が長くなりますし、運用できる期間が長いほど、収益を元手に次の物件に投資する機会が増えます。そうすることで、どんどん資産も増えていくからです。

では、その時のために、しておくべきことはなんでしょうか。
不動産投資で成功するために今できることは次の5つです。

1. 資金を貯める
2. 物件を探し続ける
3. 金融機関巡りをする
4. 意味のある勉強をする
5. リスクのある物件に挑戦して次に繋げる

中古・RC・一棟建てに投資するのであれば、物件価格は1億円超えが目安です。

よって、頭金２割と諸経費合わせて２５００万円以上の資金を用意するのが理想です。相続などで資金が得られる人もいると思いますが、まずは資金を増やすために年収を増やしたいところです。

資金を作る間も、不動産会社との関係を築くなど、物件探しを続けましょう。金融機関巡りも重要です。そうしたことを続けていくことで資金作りのモチベーションも保ちやすくなりますし、成功の確率を上げていくことができます。

選択肢はいろいろある

ここからは、4と5についてお話しします。まずは5からです。

自身で判断するしかありませんが、本当にいいものを20年待って買うよりも、十分に検討したうえで、ある程度出口が見える物件を買う、という選択肢もあります。待ちすぎることも、機会損失になるからです。

実は少ない資金で始められる不動産投資もあります。
ピカピカの物件とは言えませんが、高い利回りを得られるケースもあります。
それぞれに特有のリスクがあるほか、ローンが使えず、キャッシュで買うしかないなどの課題もあるなど、メリットやデメリットをしっかり理解したうえで、慎重に検討しましょう。

【未接道物件】

建築基準法では、建築物の敷地は道路に2メートル以上接しなければならないと定められています。見た目は「道路」で、実際に道路として使用されていても、道路として登記されていないことがあり、法令上、接道義務を満たしていない敷地を、未接道地、未接道物件と言います。

未接道物件は、建築基準法により、建て替えが認められません（再建築不可）。そのため、ほぼ100%、ローンを組むことはできません。建て替えができないため価格は低いのですが、基本的には現金で買わなければならないということです。

建て替えができないのでは話にならないと思いがちですが、実はそうでもありません。なぜなら、リフォームは可能だからです。

そのため、**どんなに築年数が古くても、リフォームすることで賃貸収入を得ることができます**。リフォーム費用はかかりますが、それでも相場より物件を安く購入できるため、収益率は高くなります。未接道だろうと、再建築不可だろうと、借りて住むには何の問題もありませんから、普通に賃貸ができるのです。

収益率が高い、つまり収益物件として魅力があるということは、収益物件として買う人もいる、ということになります。**特に東京都内であれば売却は十分可能で、出口戦略も立つ**、というわけです。

実際、未接道物件には夢があり、購入を希望する人は少なくありません。

一例を挙げると、渋谷区本町、駅徒歩7分の戸建てが2500万円で売買されたケースがあります（1カ月後に買い手が3000万円で転売）。通常の接道物件であれば7000万円の物件です。

隣には高齢の女性がお一人で暮らしています。もしこの女性の土地建物が売却に出され、購入することができれば、敷地をまとめることで未接道だったものが接道の敷地となり、**2500万円だった物件が7000万円以上にパワーアップする可能性もある**のです。

賃貸で収益を得ながら、時には手土産を持ってご挨拶に伺い、何らかの理由で売ってくれるのを待つ。そうなれば物件の価値は4500万円の上昇です。

【事故物件】

事故物件とは、過去に住戸内で人が亡くなっており、宅地建物取引業者が、買主や借主に対して告知すべき義務がある物件のことを指します。

定義が曖昧でしたが、国土交通省が「宅地建物取引業者による人の死の告知に関するガイドライン」(法的に守らなければならないものではない)を定め、自殺や殺人事件が発生した物件や、孤独死などにより特殊清掃が行われた物件を告知すべき物件としています。自然死や不慮の事故による死亡は基本的に対象外ですが、あとでクレームが入ると面倒なので告知するという考え方もあります。

孤独死で特殊清掃が入ると、次の入居者募集の際に告知します。物件にもよると思いますが、家賃が低めの物件では、特に嫌悪されることはありません。

要は入居者がいるかどうかが判断基準であり、家賃を抑えることなどで収益が得られそうであれば検討する価値はあるでしょう。収益性があれば、売却も可能です。

【築古、非耐震物件】

不動産業界における築古の基準は、1つは耐用年数が過ぎていないか、もう1つは旧耐震かどうかです。

木造では22年、軽量鉄鋼では27年など法定の耐用年数が定められており、それを超えると基本的にローンを組むことができません。

また旧耐震とは耐震性能のことで、耐震基準が強化される前に建てられた建物を指します。具体的には建築確認日が1981年（昭和56年）5月31日までのものを旧耐震基準、建築確認日がそれ以降のものを新耐震基準と言います。

耐用年数を超えた物件や旧耐震の築古物件は、築浅の物件や新耐震の物件に比べて価格が抑えられるため、比較的投資しやすいと言えます。

築古でローンが借りられないと購入のハードルは高くなりますが、その問題さえなければ、RC造と重量鉄骨造なら築古でも問題ないと言えます。

実際、私が所有する渋谷区のビルは昭和46年築の旧耐震ですが、強度などにまったく問題はありません。またRC造については法定耐用年数を超えてもローンが組めることが少なくないので、融資を受けることを前提に購入を検討できます。

RC造と重量鉄骨造については、日本の建築基準法は完全にオーバースペックです。RC造や重量鉄骨造で建物が崩れる原因は、違法建築か地盤による倒壊です。活断層の上など、地盤に問題があれば建物の耐震性がどうであっても倒壊してしまいます。**地盤、また所在地にどのようなリスクがあるか、ハザードマップでチェックするといいでしょう**。ネットで簡単に調べられます。

木造についてはシロアリ被害があると倒壊リスクに繋がりますので、専門業者による調査が欠かせません。耐震補強する手もありますが、耐震補強は費用対効果が低くなるケースもあるので、建て直しが望ましいでしょう。

築古の物件を賃貸した場合に入居者が決まるかどうかは、地域にもよります。賃貸は立地が最も重要ですから、立地がよければ検討の価値はあると思います。

ローンは組めるか

一番重要なのは、築古物件でローンが組めるかどうか、です。

基本的には**築30年を過ぎると鉄骨造はローンを組めません**。ＲＣの場合は救命処置で60年まで認められる例が多いと言えます。現金で買える場合は別ですが、そうでなければまずは借入可能かどうかが重要です。

ローンが組めるというのは、物件のチャームポイントになります。

なぜなら、何年後かに売却を考えた場合、買う人もローンを組める確率が高いからです。借入可能であれば、購入できる人が多くなり、売却しやすくなります。

修繕費を含めても魅力ある価格

東京都世田谷区での築古の取引事例があります。

かなり古い物件で、昔風の引き戸の玄関を入ると、左手の壁に穴が開いていました。玄関に鍵がかかっていても、壁から中に入ることができるような状態で、まるで廃墟のような家です。登記はされていましたが、築年数不詳です。

築浅であれば6000万円近い価格がついたと思いますが、2200万円で売り出されていました。500万円かけて修繕すれば住める状態になりますし、1000万円かければ相当ピカピカな家になります。

すぐに気に入ったIさんは2000万円で指値を入れ、売主からも内諾を得ましたが、契約2日前になって「2500万円で買う人がいるのでなかったことに」となりました。

廃墟のような家であっても、修繕すれば使うことができ、修繕費を含めても十分、魅力のある価格で手に入れることができる（キャッシュフローがプラスになる）。そして、**場所さえよければ住む人がいて、住む人がいれば売れる（出口戦略もある）**のです。

未接道や築古物件も、レインズに情報が掲載されることがあります。興味があれば、不動産会社に情報提供を依頼してもいいでしょう。

【地方の戸建て】

地方（田舎）の戸建ても不動産投資の対象として人気があります。究極はゼロ円、東京都近郊でも探せば500万円、1000万円といった物件が売り出されています。

こうした物件を収益化するには、2つのパターンがあります。

1つは300～500万円かけてリフォームして貸すパターンです。

もう1つは、手を入れず、現況のまま貸すパターンで、タダ同然で手に入れて、不動産会社を通さずに貸し出している例もあります。**元手をかけていないので、月に3万円でも入れば、かなりの利回り**です。

さらに収益があるということは、売却可能ということです。年間の家賃収入が36万円ですから、200万円で売っても表面利回りは18%で、かなり魅力ある水準です。タダ同然で仕入れたものが、素晴らしい収益物件にもなり得る、というわけです。

ただし、**これは「ババ抜き」でもあります**。

古い代わりに低家賃で貸したとしても、水回りが壊れれば修理が必要です。家賃3万円なのに水回りが全部壊れて300万円かかるかもしれません。

東京都内の20万円の物件も、地方の3万円の物件も、修繕費用は同じようにかかります。家賃は低いのに、都内の家賃20万円の一戸建てを貸すのと同じぐらい修繕費用がかかれば、費用対効果は著しく低く、実質利回りはマイナスになりかねません。

また入居者もいない、設備も壊れた、買い手もいないという可能性もあります。**解体すれば更地で売れるけれど解体費用が500万円**、といったことも起こり得ます。

購入して賃貸にして収益を得る。ババを引かないうちに売り抜ける。こんなアクロバティックなことができるとは限りません。入居者候補の絶対数が少ない場合には、そうした撤退リスクもあり、誰かがババを引くことになるのです。

リフォームするパターンも同様です。

リフォームすれば15〜20年は機能が維持できますが、人口減少が著しい地域で10年後には入居者がいるでしょうか。ある物件には入るが、別の物件は空室。そういう面でやはり、ババ抜きなのです。

最近は地方の戸建てに入居者が付いた状態にして収益物件と謳い、利回りが得られるように勘違いさせ投資家に安値で売る、というスキームもあります。焦げ付く前に、誰かにババを引かせて自分は利益を得る、というスキームという印象です。

【番外編・実家を貸していいか】

実家が空き家になっているので賃貸に出していいか、と考える人も多いようですが、そこには重大なリスクがあります。

人に貸してしまうと、税負担を軽減するための控除が受けられなくなるのです。

地方の戸建てはババ抜き？

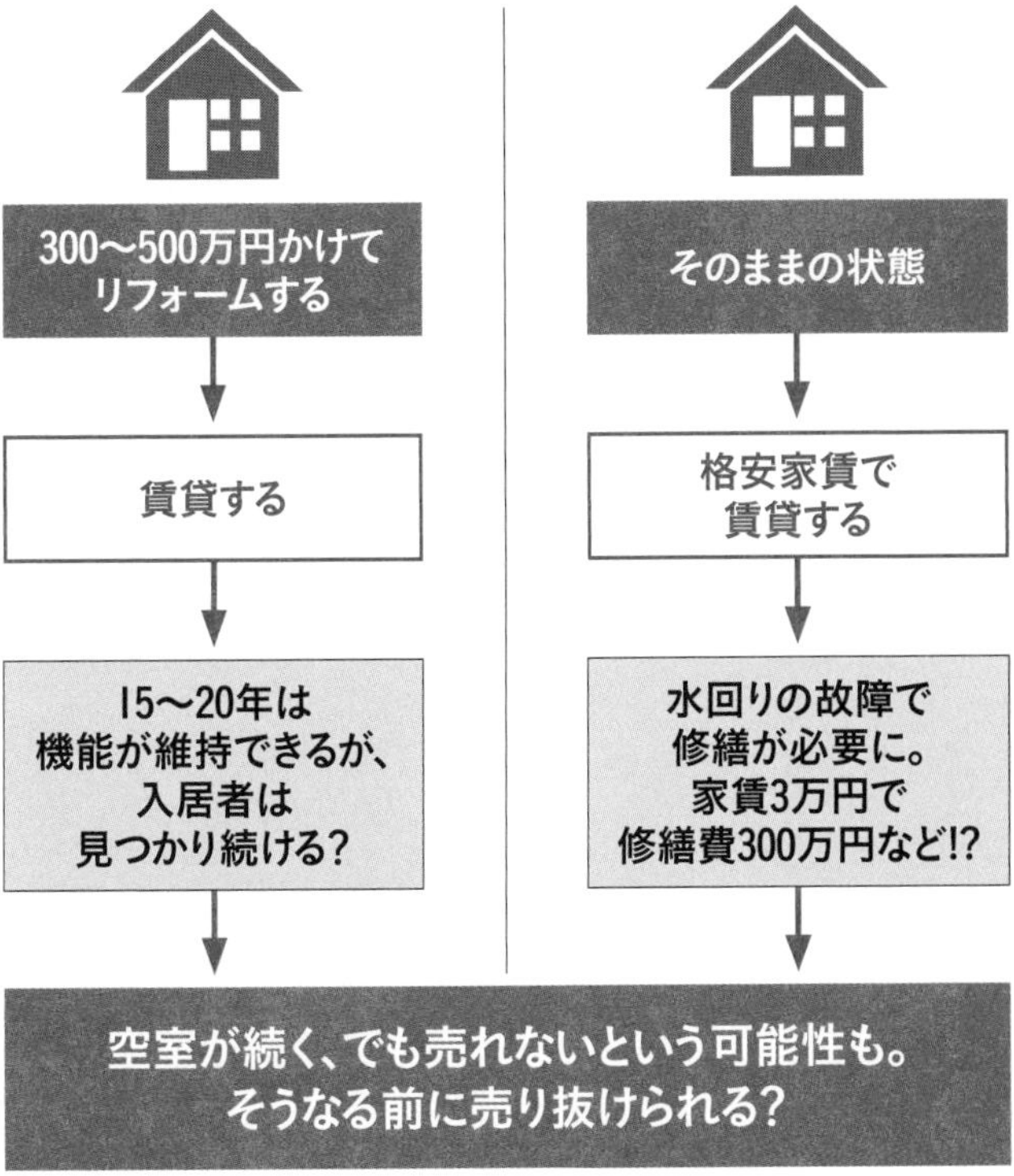

自宅を売却する際には、「居住用財産を譲渡した場合の3000万円の特別控除の特例」という控除が受けられます。売却による譲渡所得がプラスなら所得税と住民税がかかりますが、譲渡所得から3000万円が控除され、税負担が軽減されるのです。多くの場合はこの控除によって税金がかからずに済みますが、あくまで自宅を売却する場合の控除であり、賃貸に回した状態で売却すると控除が受けられなくなるのです。また、賃貸をすると借地借家法の関係でなかなか退去してもらうことができません。その点にもご注意ください。

40代後半で訳あって退職されたJさんから、「6000万円で売れるマンションがあるが、売却するのと、16万円で貸すのとどちらがいいか」というご相談がありました。**答えは「絶対売るべき」**です。

築年数が古いため住戸内のメンテナンス費用もかかるようになりますし、修繕積立金、管理費も上昇する可能性が高い。対して家賃は下がっていくと予想されます。いずれ、売りたいと思っても特別控除は適用されず、税負担が生じる可能性がある。それなら**価格が高いうちに売却し、そこで得た資金で不動産投資を検討するのも手**です。

【格安賃貸】

家賃を極限まで抑えたい、という人は一定数、いらっしゃいます。

住居費は月収の1／3程度までが適切なラインと考えられており、東京都で月収18万円程度の単身者の場合、5〜6万円程度が目安で、そのくらいの家賃の賃貸物件はつねに強いニーズがあります。

この家賃水準の物件はある程度、築年数が古いものになりますが、古くなると取り壊されることが多く、供給数も多くありません。家賃5〜6万円で風呂トイレ付きであれば、築古でも入居者はいます。また、家賃が安い分、言い方が悪いですが設備のクオリティーをそこまで求められないので、メンテナンスにも大きな費用をかけずに済みます。**空室率、転居率が低いうえ、原状回復費や修繕費がかかりにくい**、というわけです。古くて小さい物件は将来性がないなどと決めつけず、積極的に検討してみてもいいでしょう。

ただし、水回りの劣化の状況をよく確認してください。家賃5万円なのに何百万円ものリフォーム代がかかる可能性もあります。

年収500〜600万円くらいの会社員の方の場合、不動産価格が高値圏にある状況では現実的には不動産投資としてできることは多くはありません。「東京18区内・中古RC造・一棟買い」という、不動産投資の王道を行くような投資は難しく、未接道、築古などリスクを背負う物件が現実的な選択肢とも言えます。

そのリスクを熟知し、研究して挑戦するか、あるいは年収と貯蓄と信用を増やしながら物件が値下がりするのを待つか。いずれかの選択です。

その判断をするためにも、メリットやデメリットをしっかり助言してくれる不動産会社に出会うことが重要です。**100%メリットのみの不動産はない**、というのも真理なのです。

価格が高い物件ほどメリットの割合が高く、安い物件ほどデメリットの割合が高いので、そのバランスを踏まえたうえで、どう考えるかです。

将来、物件価格が下がってくる可能性もあり、運がよければ、都内の中古RC造・3000万円といった物件が出てくるかもしれません。

学ぶ、人脈・資金を作る

木ばかりを見ず森を見る

不動産投資について、どこで、何を勉強すればいいか、という質問を受けることが多いのですが、とても難しいです。

不動産投資に関するセミナーもたくさんあります。

不動産会社などが行う無料セミナーや、一般社団法人などが行う有料のセミナーもあります。**中には数十万円を払えば、悪徳業者のカモになるための不動産投資知識をしっかり身につけさせてくれるものもある**ようです。笑えませんね。

私はノウハウ本をたくさん読んだ方、多額のお金を払ってセミナーを受講したという方とお話をする機会もあります。そうした方は、専門用語を口にされる一方で、不動産投資を大きなくくりで見る、俯瞰《ふかん》で考える、といったことは得意ではない印象を受けることがあります。**知識があるに越したことはありませんが、実践で役立つかどうかは別の話**です。数十万円払って学んだあげくに、なぜかワンルームマンションを買う人や、地方の古いアパートを買ってババを引かされている人など、残念で悲劇的なパターンを目にすることも少なくありません。前述のように、個人としての感覚も大事ですし、「木ばかりを見ず森を見る」ように心がけるとよさそうです。

セミナーで人脈はできません

セミナーに参加して、知識だけでなく、人脈も築こうとする人がいます。しかし、**そういう人を狙って物件を売り込もうと考えている人もいますので、要注意**です。

ちなみに、一般社団法人の主催といっても、その団体がお上のお墨付きというわけではありません。

私の周りの儲かっているオーナーさんの中には、セミナーに行って勉強したという人も、宅地建物取引主任者の資格を取ったという人もいません。

それよりは、不動産会社に会いに行き、仲良くなって、現場にいる人から話を聞いた方がいいと思います。

私が不動産投資についてどう学んだのか。一番勉強になったのは、自分が仕事で管理している物件のオーナーさんなどからお話を伺ったことです。町工場を立ち上げ、今ではビルを何棟か持っているKさん、少額から株式投資で少しずつ資金を増やして土地の購入から始めたLさん、中国にわたって成功した資金で不動産投資をしているMさんなど、不動産投資で収益を得ている方々と接する機会が持てました。

そういう方たちに、「地方のアパートの利回りが高いなどと勧める本が出ていますが、どう思いますか？」など、いろいろと意見を伺ったのです。「僕なら買わない。やっぱり手堅いのは東京の不動産」など、なるほどと思えるお話をたくさん聞くことができました。**本当に儲かっている人の生の情報、かつ損得なしの関係で聞く話というのは、なによりも確実性が高い**と思います。

1人で考えないこと

相談する相手がいることも大切です。

Nさんは、東京都内のブランド住宅地の中古戸建てを勧められ、購入を決意。住宅ローンの申し込みもしました。そんなとき、都内に複数のビルを持つ飲み友達に会い、物件の話をしたところ、後日、購入をやめるように進言されたと言います。話した翌日にわざわざ物件を見に行き、その物件のどこがよくないか、説明してくれたのです。理由はどれも納得できるもので、Nさんはすぐに購入をとりやめたそうです。

多くのご相談を通じて感じるのは、**一度投資のスイッチが入ってしまうと、今買わねばと思い込んでしまう方が多い**、ということです。生活を豊かにするために不労所得を得たい、不動産投資がしたいという想いが強いだけに、とてもいい物件だと思い始め、どんどん確信してしまう……という感じです。「儲かるぞメガネ」をかけている状態になって、何も見えなくなってしまい、やみくもに投資を決めてしまうのです。

「私が買おうとしているワンルームは、ほかの人が誤って買ってしまったようなワンルームとは違う」とおっしゃる方もいますが、その方のお顔をじっと見ると、瞳の中に¥マークが入っているのです。

不動産投資に詳しい友人がいなくても、なんでも相談できる人がいれば、話すことで頭を整理できたり、冷静になれたりします。

「その話、大丈夫？」「よく考えた？」と言ってくれる友人を持ちましょう。

フェラーリ自慢の人とは付き合うな

友人と言っても、ワンルーム物件の投資話を持ってくるような人ではだめです。

付き合いたいのは、冷静に話を聞いてくれる人。投資をしているなら、自分で考えて投資をしていて、実際に儲かっている人です。

「儲かっていそうな人」と「儲かっている人」は違います。小さくてもいいけれど本当に儲かっている人の特徴は、儲かっているように見えないことです。

よくない案件に乗せられてしまい、「相手が立派なオフィスで、立派な高級腕時計をしていて、フェラーリなどに乗っていたから信じた」という人がいました。私の知っている限り、**お金持ちはフェラーリには乗っていても自慢しません**し、Oさんのように車に乗らない人もいます。時計も普通の国産ものです。何にお金を使っているのだろうか、と思う人もいて、実はそういう人が世界中に家を持っていたりするのです。

本当にお金を持っているから、気持ちにも余裕があり、私はお金持ちですよ、とアピールする必要がないのでしょう。

不動産投資の意思を周囲に話すことが大事

一番は「不動産投資をしたいと思っている」と周囲に話しておくことです。言わないと情報は集まってきませんし、人脈も広がりません。

ただし、すべての人がいい人とは限りませんから、「ワンルームは絶対買わない」

ことも言い添えます。もし物件や不動産会社などを紹介されたら、自分の目で見極めることも重要です。

誰かからの紹介でも、自身で不動産会社に相談しても、いい物件を買えるかは分かりません。出会いは、縁です。だとしても、「不動産投資をしたい」と宣言しないと情報はやってこないし、「こういう物件を望んでいる」と明確に表明しないと曖昧な情報しか得られません。

「東京都内の中古の一棟ものが欲しくて、利回りは6％以上がいいんだよね。そういう物件があったら情報が欲しい」などと言っておく。知り合いの親が不動産を複数所有している、親戚が大家さんをしているなど、何かしら縁があるかもしれません。近所に何年も放置されている一軒家があるなど、どこから何の情報が来るか分かりません。その場では話が出てこなくても、「そういえば……」と話が転がり込んでくることも無きにしも非ずです。**欲しいという気持ちを話さない人には、欲しいものの情報は入ってこない**のです。

Pさんは、「少額の収益物件があったら買いたいです」とおっしゃっていました。

ある時、東京都内・中古一棟建ての本当に小さな商業ビルが500万円で売り出され、ご案内しました。テナントの客付けもしてあり、表面利回りは驚きの20%！「お客さんが買わなかったら私が買います」と言うと、とても喜ばれ、投資されました。居酒屋さんが入居しており、家賃も途切れたことがありません。

そのような奇跡的にいい物件も、時折出てくるのです。**「少額の物件を買いたい」と伝えられていたからこそ、ご紹介できた**とも言えます。

Pさんはとても行動力があり、その後もご自分で熱心に勉強され、銀行をたくさん訪ね、銀行人脈も築かれました。約15年程度の間にビル3棟のオーナーになり、ご自宅も建て替え、早期リタイアされました。家族と世界中を旅し、小学生の娘さんとキリマンジャロに登ったり、アフリカを3カ月巡るなど、充実してお過ごしです。

想いの強さが行動に繋がる

Pさんが積極的に動かれたのは、仕事がかなりお忙しく、「会社を辞めて自由に生きたい」と思ったからだそうです。いわゆるＦＩＲＥですが、想いが強いからこそ行動でき、その熱心さが、人脈に繋がったり、いい物件を引き寄せたりしたように思います。

その一方、家族のために不労所得を得たい、老後資金を作りたいと思い、懸命に取り組んだけれどうまくいかなかったというケースがあります。「想い」が足りなかったのかもしれません。

不動産投資セミナーに行ったり、不動産投資本をたくさん読んだりするのもいいのですが、自分の頭で考えてこそ、必要な知識が定着します。何をするにせよ、人とモノと金が必要であり、**想いが強いほど、真剣であればあるほど、資金ができるし、人やモノ（情報や物件）に出会えるし、皆と同じ情報に触れたとしても成功に繋げることができる**のです。

しかし、お金持ちになりたいというぼんやりした目標しかなく、ぼんやりした物件をぼんやりと買って、ぼんやりと負債を抱え、売ることもできず、毎月の損を垂れ流している。そういう人も驚くほど多いのが実状です。

まずは徳を積む、人に好かれること

いい情報が欲しい、いい物件に出合いたいという場合に何をすればいいか。誤解を恐れずに言えば、「徳を積む」ことも大切だと思います。

すごく神秘的な言葉になってしまいますが、**いい人の周りにはいい人、いい情報が集まります**。不動産はやはり運も大事であり、運がいいのは、運がよくなるような行いをしているからだと感じることが多いのです。

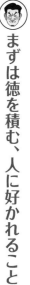

実際、「情報をください」と言われても、その人への印象がよくなければ伝えようとは思いません。いい人だな、応援したいな、と思うからこそ、いい情報を得たら「あの人に伝えよう」と思います。信頼できるから、自分の大切な知り合いを紹介できるのです。シンプルに言えば、誠実に生きることです。

突然来店され、会議中と言っても引かず、他社から勧められた物件を買うべきかどうか意見をくれ、と言う方もいます。一方で、お客様からの紹介で事前連絡のうえで来店される方もいます。どちらとお付き合いしたいかは、言わずもがなです。

人の話を聞かないとか、仁義に欠けたような行動をするとかいう人は、やはり騙されやすい。人の話を聞かないというのは自分が正しいと思っているからであり、そういう人は騙しやすいのです。

物件を紹介してもらえる人になる

正直なところ、不動産会社から見て、この人には積極的に物件の情報を出したいと思う人、あまりそうは思わない人はいます。

Qさんとのお付き合いは、ビルの売却のお手伝いをしたことから始まりました。「義父がビルを売ろうとしている。複数の不動産会社から査定をもらっているが、適正価格かどうか見てほしい」とのご依頼でした。

お義父様（売主）は知り合いの不動産会社から提示された4億5000万円での売却を決めかけていました。しかし私は「安すぎます。その価格なら私が今すぐ買います。もっと高く売却されるべきです」とお話ししました。

売主を説得するのに時間を要しましたが、ようやく専任媒介の契約をとりつけ、売り出すことになりました。すぐに2件の買付希望が入り、数日後には5億6000万円での希望が入り、売買が成立しました。売主が売ろうとした価格より1億1000万円高く売ることができたのです。

見積もりから売却の手続きまで数回にわたってご自宅を訪問しましたが、Qさんは、いつでもご自宅の前に立って、私を待っていてくれました。会うと嬉しそうにいろいろ話してくださる。これはやはり、心が動きます。

実際、ビル売却のあと、とっておきの収益案件もご紹介しています。

部屋を借りたいお客様を紹介してくださるのも嬉しいものです。利をくれた人には利を返そうと思うのは、私だけではないと思います。

第8章

不動産センスを身につけよ!

～買うタイミングは今か～

経済や社会情勢に敏感になる

皆が持ち合わせていない「相場観」を養う

不動産投資をするうえで多くの方に欠けているのは、**「相場観」**です。

相場観というのは、家賃が上がるのか下がるのか、物件の価格が適正か、ほかの物件と比べて高いか安いかなどが感覚的に分かることです。今が上昇トレンドなのか下降トレンドなのかを把握することも重要です。

感覚的にその物件は収益物件として価値があるか、なしかを見極められなくてはならないのです。

そうした感覚は本を読むだけで養えるものではありません。

前述したように、不動産投資をするうえでは、「最高を夢見て、最低を確保する」のが必須です。最高は、賃料収入という夢の不労所得を得て、売却したらキャピタルゲインも出ること。それが無理でも、キャッシュフローがプラスで、自分で赤字補塡することなくローンを返しきれるというのが、確保したい最低のパターンです。

たとえば頭金20％を用意していれば、物件価格が20％下がっても、頭金を失うだけでローンを返済し、売却できます。「勉強代」と考えて泣きながらもあきらめることができる範囲かもしれません。しかし、ローンを返しきれなかったらどうでしょう。親から数百万円などのお金を借りるのはつらいですし、それもできずに自己破産などとなればさらに最悪です。

相場観があれば、**「最高をどこまで夢見ることができて、どんなにひどくても最低ラインが確保できるか」**をシミュレーションすることができるでしょう。

多くの物件は買わない方がいいほど高額

不動産投資がうまくいくか、どんな戦略で行うべきかは、時期、時代によっても異なります。

トレンドも変わりますから、古本屋さんで買った不動産投資のハウツー本をインプットしたり、信じたりしても、それは今では使えない古い常識である可能性が高いです。

ＩＴバブル、アベノミクスバブルの時のノウハウは、今ではまったく意味がない。それをなぜかほとんどの人が分かっていません。家賃も価格も変動することすら、実はあまり分かっていない、人口減少時代に入ったことが不動産投資に関係することも、頭の中で結びついていない人が多いのではないかと思うくらいです。

ＩＴバブル崩壊、リーマンショックなど、似たようなことが10年ほどの周期で起き

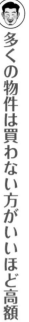

ています。過去には戻れませんが、過去起こったことはまた未来に起こるかもしれません。

前述のとおり、日本はGDPも伸びていませんし、貯蓄率も低く、大変な状況です。**それなのに不動産価格だけが上がっているという、ねじれたバブルの状態**です。

90年代のバブル期は個人の所得も上がっていた。でも、今回は個人の所得は上がらずに不動産と株価だけが上がっているという、とんでもない状況です。私は崩れる可能性は高いと考えます。

そうした観点で言うと、購入する時期も重要です。

このところ物件価格が高いので、買っていいと即断できる収益物件はほんのわずかです。不動産会社を経営していながらではありますが、出回っている物件の多くは、買わない方がいいレベルの価格だと言わざるを得ません。

こういう時期は、多くの人、特に年収500万円クラスの人には、不動産投資に向かない冬の時代だと考えるべきだと思います。難しい時期にあえてチャレンジするのは危険です。**今はとにかく年収を上げることと貯蓄を増やすことに邁進《まいしん》して、必ず来**

る買いの時期に備える、という戦術がいいのではないでしょうか。

価格はこれからどう動くか

現在（２０２３年）は価格が高騰していますが、経済環境によって大きく変化する可能性もあります。

２００８年のリーマンショックの直前までは、量的緩和以前でローンが組みにくく、なおかつ価格が高かったのです。その後、リーマンショックが起き、11年には東日本大震災に見舞われました。するとそれ以降、物件価格は下がったけれど相変わらずローンが組みにくい、という状況が続きました。

その後、２０１４年から17年は、物件価格が中程度でローンが組みやすい期間でした。年収５００万円くらいのオーナーが、３億円くらいのビルを買えた時代で、なおかつ景気が伸びていたため、インカムもキャピタルとも取れていた時代です。

不動産価格指数の推移（住宅）

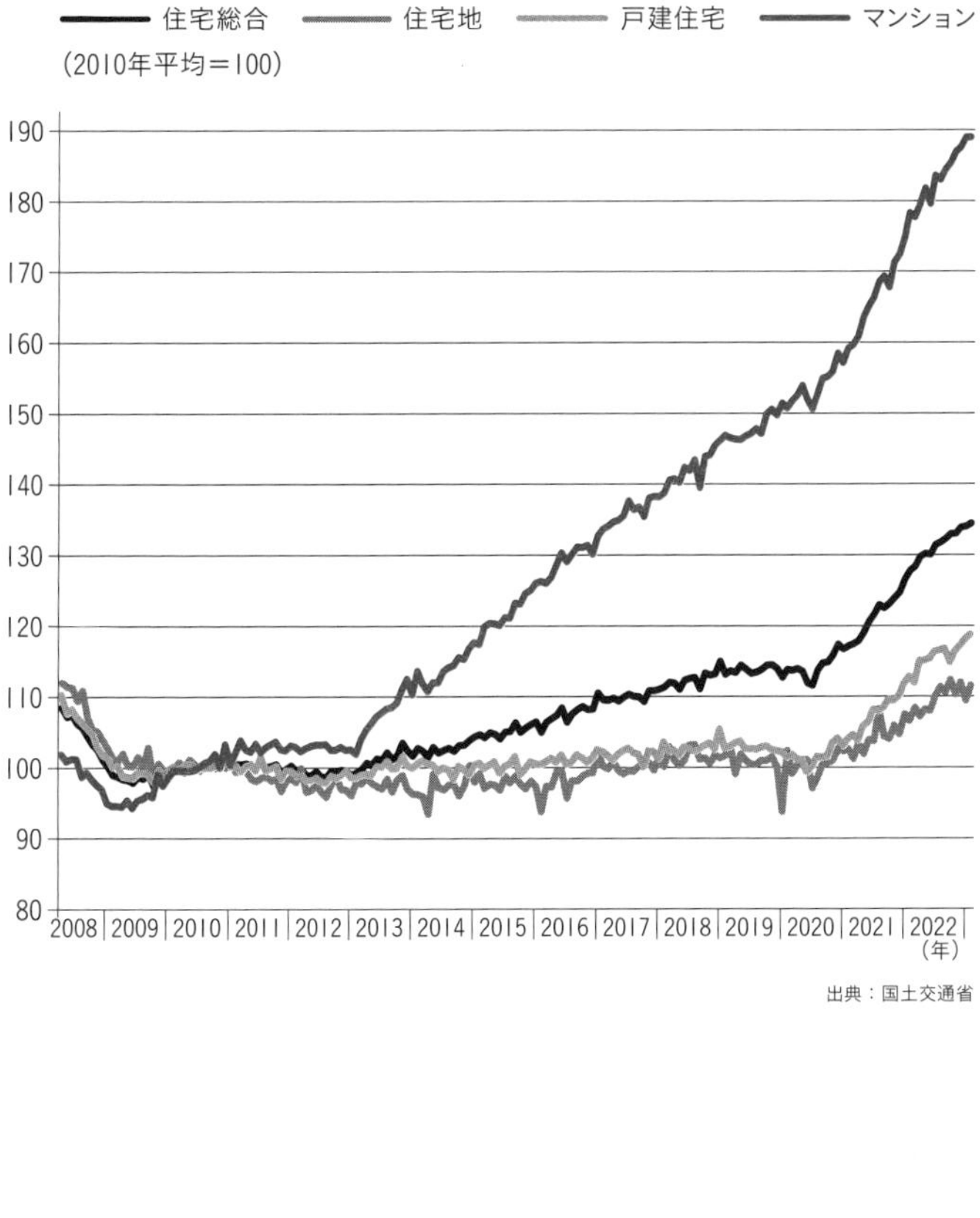

出典：国土交通省

今、自己破産寸前のような状況に陥っている人は、その後に買っている人です。

情報に敏感になる

私は、不動産業を営む者として、ある程度、未来を予測しなければいけないと思っています。もちろん、未来を正確に予測することは誰にもできませんが、状況を把握したり、今を踏まえて先々はどうなるか、過去の動向などをひもといて考えたりすることはできます。

不動産は30年、場合によっては50年などの長期で投資するもので、ある意味、人生を賭けた一大事業です。**家賃も、価格も、景気や社会環境の影響を受けますから、経済や社会情勢について把握していなければいけません。**

しかしほとんどの不動産会社はそういうことを考えていません。毎月のノルマを達成することに必死だからです。

話は少しそれますが、日本国債の格付けが中国と韓国の格付けを下回ったことがあります。その時、私は仕事で中国におり、中国の日本人会は大きな騒ぎになりました。「国際社会から、日本は中国と韓国よりも信用性が低いという烙印《らくいん》を押されてしまった」「とうとうこの日が来てしまった」と、暗澹《あんたん》たる思いが広がったのです。

しかし、日本にいる知人に電話したところ、日本ではそんなニュースはほとんど報道されていないと言います。これには驚きを禁じ得ませんでした。不動産会社だけでなく、多くの人、マスコミさえも、経済に無関心なのです。

たとえば2023年春。前年から始まったアメリカの利上げは多くの日本人が認識している以上に深刻な影響をもたらしました。複数の銀行も破綻しました。政府がすぐに対応したため影響は限定的でしたが、日本から見えるのとは異なり、アメリカ国内はかなり混乱しています。住宅ローンの金利は2・5%程度だったものが一昨年には3・5%程度まで上がり、23年には6・5%まで跳ね上がりました。

ただし、アメリカで暮らす人でさえも、相応の危機感を持っていません。なぜなら、第5章でも述べたように、変動金利型の住宅ローンには返済額を一定水準（アメリカでは20％程度など）しか増やせないというルールがあるからです。返済額が2割増になるだけでもかなりのダメージですが、元金が減りにくくなり、さらに未払い利息が発生する可能性があるといった仕組みを理解していないため、本当の怖さを感じていないのです。

そうしたリスクに気付く人が増えれば売却の動きも出始め、相場が崩れる可能性もあります。

日本の変動金利型も基本的なルールは同じで、金利が上がれば同じことが起きるでしょう。特に日本はアメリカ以上に金利水準が低く、その分、借入額が多くなっているため、金利上昇による影響は大きくなります。そのうえ一部企業のサラリーマンを除けば所得も増えておらず、ダメージがより深刻になる可能性があります。

実際、金利が不動産市況に及ぼす影響は甚大です。私も新日本銀行総裁の会見を受け、進行中だった数億円の売買が白紙になった経験があります。

そうした知識を持ったり、可能性に気付いたりすることが重要で、それが分かれば、

「価格が下がりそうだから、改めて不動産会社に物件の希望条件を伝えておこう」「下がる前に売却を考えよう」といった行動が起こせるのです。

不動産価格の潮目を見極める

株と不動産は価格が連動する性質があり、株価が下がり始めると不動産価格も下がる傾向にあります。

不動産の近年の底値は、日経平均が底値だった２０１１年です。２００８年のリーマンショックを経て、世界経済が低迷し、日本経済が壊れ、11年の東日本大震災を受けての底値でした。

基本的に世界経済は10年周期で動くとも考えられており、業界内では、そろそろ価格の潮目が変わるのではないか、という見方も出ています。

日経平均は２０２１年９月頃の３万円近辺から、半年後の２０２２年３月には２万

5000円近辺まで下がり、そこから行ったり来たりしていました。不動産は株価から半年遅れて動くと言われており、22年秋頃から在庫が増え始め、23年前半の時点で価格が下がり始めています。

もしも、日経平均が下落すれば、不動産価格もそこから半年後くらいには下がっていくものと考えられます。

逆に日経平均が上がれば半年後には不動産価格も上がります。日経平均は不動産市況を見るうえで一番簡単な指標の1つなのでぜひ注視してください。相場とは生もので本書を書いている間に日経平均はバブル後最高値を超えました。ただし、このトレンドが数年後も続くかどうかは不透明です。

金融不安や株安はもちろんのこと、震災、あるいは政情不安、戦争なども株価に影響し、不動産価格の潮目が変わるきっかけになります。

業界的には歓迎できませんが、投資家的にとってはチャンス到来です。

景気悪化なら物件不足は解消される

景気が悪化すれば、売り出されている物件の買い手がつきにくくなり、加えて、保有する物件を手放さなければならない人が出てくるので、物件数は多くなると考えられます。家賃が保ちやすく、空室率も高くなりにくい優良な物件も探しやすくなるでしょう。

価格が下がれば利回りは上がります。

ワンルームを例にすると、２０２３年現在、表面利回り3～4％で取引されていますが、景気が悪化すると10％程度まで上昇します。10％ならかなりの安値です。

景気悪化の局面では、評価額（積算価格）と実際の価格がほとんど同じになったり、さらには逆転したりすることもあります。実際、私が買った渋谷の物件は、評価額と同じ価格で購入しました。そういう時期に買えば、10年後くらいには価格が戻り、儲かる可能性が高くなります。

自己資金の準備があれば融資は受けられる

不動産価格が下がるということは景気が不透明ということですから、融資も受けにくくなるのが基本的な傾向です。とはいえ、金融機関もある程度は融資をしないと経営できませんし、ノルマもあります。日銀の総裁、財務省、金融機関の本店、各支店長の判断にもよりますが、まったく融資が受けられないことにはならないでしょう。過去の歴史を顧みると、不動産の流通が止まると経済が回らなくなるので、銀行が融資の基準を緩めてくると考えられます。その時なら、融資を受けやすく、買いやすくなります。

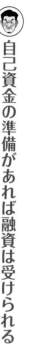

特に融資を申し込んだ人の資産状況がよく、なおかつ物件もよければ融資を受けることは十分可能です。

実際、私が２０１１年、なかなか融資が通らないと言われた時期に買った時には、フルローン（物件価格と同額）を組むこともできましたし、別途必要だったリフォーム代や諸経費も借入可能と言われました。それも手元にキャッシュがあったからです。価格低下のチャンスを活かすためには、自己資金をしっかり準備することも重要というわけです。

誰も投資しない時に投資できる人になる

投資の好機を捉えるためには、株価と不動産（賃貸と売買）の相場は継続的に見ておくべきです。

SUUMOやアットホームなどで、同じエリア・同じ条件で、継続して物件の情報をチェックしていくのです。

たとえば渋谷区初台駅徒歩5分で検索し、賃貸と売買の情報を継続的に見ていると、「なんだか高くなり始めた」とか、「なんだか安くなり始めた」など、次第に価格のトレンドが分かってきます。

「初台の戸建ては少し前まで1億円超えだったのが、最近は8500万円くらい」などと分かるようになれば、かなり相場観が養われたと言えます（ちなみに2011年当時は4750万円程度でした）。

土地勘があるエリアの方が状況を把握しやすいので、自分の地元の駅を基点に徒歩5分または10分以内などで調べるといいでしょう。

たまたま地元で再開発がかかっていてそこだけ上がっているなどの特殊な事情もあるかもしれません。しかし、基本的に不動産価格は全体的に上がったり下がったりするものです。地元が上がり始めたら全体的に上がっているし、地元が下がり始めたら全体的に下がり始めています。

今が下り坂なのか上り坂なのかを知ることは不動産投資でも必須であり、その感覚を養うことはとても重要です。私が原作を担当している不動産マンガ『SWEET DEAL（スウィートディール）』の中で、新人研修として同じ条件で物件情報を毎日検索させるシーンがあります。毎日検索を続けることで、不動産相場の感覚をつかむのです。私もやっていました。

地元の不動産会社の店頭に貼ってある物件情報も、週に1度程度見ておくと、相場観が養われます。

金融政策の転換、地政学リスクの高まりなどにより、不動産市況も新たな局面に入る可能性があります。その時に撃てる弾がなければ仕方がない。その時に備えて、自己資金を増やし、クレジット（信用）を高め、相場観を養いましょう。

投資したいと思うと、すぐにでも買いたいと思いがちですが、少し引いて俯瞰することも大切です。

みんなが買う時は、買う時期ではない。

誰も投資しない時に投資できる人が最強であり、一番儲かる人なのです。

おわりに

最後までお読みいただき、ありがとうございました。

不動産投資は人生を豊かにしてくれる、魅力あるツールです。

私は不動産業を営む者として、不動産投資をしている方の多くが、家族のこと、自身の将来のことを思い、投資に取り組んでいることを知っています。収入が増えにくい、はっきり言えばジリ貧の日本において、そう思うのは当然のことであり、人生を真剣に考えているからこそだと思います。

しかし、そんな方々の伴走者として、高いスキルと誠実さを持って不動産投資をお手伝いする不動産会社はまったく足りていません。それどころか、悪徳商法まがいの投資話もなくなりません。**人々の不安につけ込んで間違った投資の機会を作り出す行為は断じて許すことができません。**

本書は、一般の方に「不動産投資の真実」を知っていただくために著しました。悪徳業者が平然とビジネスをしているようでは、投資で成功する人は増えませんし、それでは日本が豊かになりません。まずは不動産投資を考えている方に正しい知識を持っていただくことが、日本のマネーリテラシーの向上に繋がると考えました。

不動産はＧＤＰに占める割合も小さくなく、そこを改善しなければ日本人はお金持ちになれません。そして、少しはお金に余裕ができないと、私たちはいつまでも不安なままです。そこを打開するためにも、不動産投資についてのリテラシーを高めたいのです。不動産業界に身を置く者として、それが社会貢献になると思っています。ＹｏｕＴｕｂｅで情報発信しているのもそのためです。

不動産を制するものは人生を制する

一般の方が時間とお金を同時に得るのに最も適した投資は、不動産だと私は固く信じています。

ただ、それが簡単なことではないことは、最後までこの本を読んでいただいた皆様にはご理解いただけたと思います。

一方で、正しい不動産を手に入れて、時間とお金を手に入れれば、あなたの世界は広がります。

行ける場所、時間、手に入る物の範囲が広がります。場合によっては、子ども、孫にも資産を継承させることができます。

それほどの影響力があるのが、不動産です。

私はできることなら、一度しかない人生なのでいろいろな国に行って、美味しいご飯や楽しいお祭りや美しい風景を体験したいと願っています。

その時に一人きりよりも、同じように豊かな人生を歩む友達と一緒の方がきっと何倍も楽しいと思います。

この本を読んで学んでいただき資産を築いた皆様の中から、私とワガママで楽しい旅に同行してくれる方がたくさん現れることを祈っております。

最後に、「不動産Gメン滝島」という素晴らしいコンテンツの発起人となってくださったテレビ朝日映像の淡川和真さん、いつも素晴らしい編集をしてくれる森岡佑介さん、本書出版のお声掛けをいただいたKADOKAWAの磯俊宏さん、分かりやすく構成していただいた高橋晴美さん、伊藤剛さん、一緒に不動産Gメンを頑張ってくれているスタッフやエージェントの皆様に深く御礼申し上げます。

これからも皆様の利益のために頑張ります。

2023年7月

不動産Gメン　滝島一統

誰《だれ》でも儲《もう》かる、わけがない
初《はじ》めての不動産投資必勝《ふどうさんとうしひっしょう》ルール
罠《わな》を見抜《みぬ》いてお金《かね》を増《ふ》やす

2023年8月2日　初版発行

著者／滝島《たきしま》 一統《かずのり》

発行者／山下 直久

発行／株式会社KADOKAWA
〒102-8177　東京都千代田区富士見2-13-3
電話　0570-002-301（ナビダイヤル）

印刷所／大日本印刷株式会社

製本所／大日本印刷株式会社

ISBN 978-4-04-606303-8　C0033